Ein Mann zu seinem Partner

J. Allan Dunn

Writat

Diese Ausgabe erschien im Jahr 2023

ISBN: 9789359252926

Herausgegeben von
Writat
E-Mail: info@writat.com

Inhalt

KAPITEL I

BLINDER SAMSON

An der Küste von San Francisco herrschte perfektes Wetter, und Rainey reagierte auf die lebhafte Berührung des Passatwinds an seiner Wange, der die Sonne milderte und einen Hauch des offenen Meeres und einen Hauch orientalischer Gewürze mit sich brachte die Kais. Während er ging, pfiff er und beobachtete, wie eine Holzachterbahn losfuhr. Das dumpfe Klopfen eines schweren Stocks auf dem Holzsteg und das Schlurfen unsicherer Füße warnten ihn davor, mit einem Mann zusammenzustoßen, der sich seinen Weg entlang des Embarcadero bahnte, einem Riesen, der abrupt stehen blieb, sich ihm gegenübersah und sich auf den schweren Stock stützte.

„ Kumpel ", fragte der Riese, „könntest du einen Blinden daran hindern, den *Seehundschoner Karluk* zu finden ?"

Die Stimme passte zu ihrem Besitzer, dachte Rainey – eine dem Anlass entsprechend gemilderte Bassstimme, eine Tiefseestimme, die bei Bedarf über das Tosen eines Sturms hinausbrüllen konnte. Trotz all seiner Landkleidung und seiner Kleidung war der Mann sicherlich ein Seemann oder war es gewesen. Die gesamte Haut, die nicht mit Stoff oder Haaren bedeckt war, war zu Leder verwittert, die großen Hände waren zusammengerollt, als hielten sie ein unsichtbares Seil fest. Er trug eine dunkle Brille mit seitlichen Gläsern, über die dicke Brauen in struppigen roten Haarsträhnen ragten.

Blind, wie der Mann sich mit Stimme und Tat verkündete, spürte Rainey etwas hinter dieser farbigen Brille, das ihn zu bewerten schien, fast so, als würde der Wille des Mannes durch diese lustlosen Augenhöhlen blicken oder lauschen. Eine Art Anziehungskraft, überhaupt nicht attraktiv, entschied Rainey, obwohl er Hilfe und Informationen anbot.

„Sie sind keine fünfzig Meter vom *Karluk entfernt* ", antwortete Rainey. „Aber du bist auf dem Weg in die falsche Richtung. Lass mich dich korrigieren. Ich selbst gehe in diese Richtung."

„Das ist ja so, Kumpel ", sagte der andere. „Aber ich habe dich für diesen Typ ausgewählt, weil ich dich pfeifen hörte , als du vorbeikamst . Unbeschwert, denke ich , ein junger Mann, höchstwahrscheinlich; er wird einem gestrandeten Mann helfen. Gib mir die Berührung deines Arms." , Kumpel , und ich werde meine Holme verstauen.

Er drehte sich um und schlang den geschwungenen Griff des Stocks über seinen rechten Ellbogen, während sich die Finger seiner linken Hand auf Raineys ausgestreckten Arm legten. Starke Finger, fast lebendig mit einer Kraft, die sich durch Serge und Leinen manifestiert. Finger, die manchmal wie Stahl greifen konnten.

Rainey musterte verwundert seine Gemahlin. Die Masse des Fremden war enorm. Rainey war selbst weit über dem Durchschnitt, aber er war nur ein kleiner Junge neben diesem Koloss, diesem gestrandeten Koloss der Männlichkeit. Und trotz all der Brillenaugen und schlurfenden Füße hatte der Riese einen Stempel koordinierter Stärke, der den blinden Simson verriet. Mit seinen Augen konnte Rainey ihn sich beweglich wie einen Panther und stark wie einen Bären vorstellen.

Sein Gewicht bestand aus Fasern und Sehnen, spärlichem und festem Fleisch ohne ein Gramm Abfall, auf einem mächtigen Skelett. Sein Gesicht war voller bärtiger Haare aus flammendem, lockigem Rot, die von den hohen Wangenknochen abwärts bis unter den weichen, lockeren Kragen seines Hemdes reichten. Der Brillenrücken ruhte auf der Außenkurve einer Nase wie der Schnabel eines Fischadlers, die Enden der Drähte waren um Ohren geschlungen, die dicht am Kopf lagen, an den Innenrunden waren sie behaart, ohne Lappen , und die Enden erinnerten an Ohrstöpsel eines Satyrs.

Mund und Kiefer waren verborgen, aber der Bart konnte die kühne Projektion des letzteren nicht leugnen. Rainey schätzte ihn auf etwa dreißig. Gebeutelt von Zeit und Wetter, aber auf dem Höhepunkt seiner Kräfte.

„Schneeblind, Kumpel ", sagte der Mann. „Nördlich von Point Barrow, vor einem Jahr und mehr. Hat mich ganz schön hochgebracht . Was bist du? Steamer-Mann? Purser vielleicht?"

„Zeitungsmann", antwortete Rainey. „Detail am Wasser. Für die *Times* ."

„Das sagst du nicht, Kumpel ? Ein Schriftsteller, was?"

Wieder spürte Rainey das Ziehen dieses Etwas hinter den dunklen Brillengläsern, als in dem Kopf des Mannes irgendwelche Spekulationen über ihn aufkamen. Und er spürte, wie sich die festen Finger ganz leicht zusammenzogen und für eine Sekunde in die Muskeln seines Unterarms sanken, mit der Andeutung, dass sie nach Belieben quetschen und lähmen könnten. Wieder einmal kämpfte ein leichtes Gefühl des Abscheus mit seiner natürlichen Neigung, dem behinderten Seemann zu helfen, und er schüttelte es ab.

„Die *Karluk* segelt morgen", sagte er.

„Ja, also – das haben sie mir gesagt, Kumpel . Du bist an Bord?"

„Ich hatte ein kurzes Gespräch mit Kapitän Simms, als sie anlegte. Nicht viel Gerede. Sie hatte keine gute Reise, wissen Sie."

„Warum, ich wusste es nicht. Aber – haltet einen Moment fest , ja? Wisst ihr, Simms ist ein alter Schiffskamerad von mir. Er ahnt nicht, dass ich im Umkreis von hundert Meilen von hier bin. Ja, oder so tausend." Er lachte tief in der Brust. „Na dann, Kumpel , schau her."

Rainey wurde durch den zwingenden Griff verankert. Sie standen neben dem Zettel, in dem das Siegel lag. Die Decks *der Karluk* waren verlassen, obwohl aus dem Ofenrohr der Kombüse Rauch aufstieg.

„Simms ist wahrscheinlich an Bord", fuhr der andere fort. „Sehen Sie, ich kenne seine Art. Und ich habe eine lange Reise hinter mir, um ihn zu sehen. Ich habe ihn fast vermisst. Bin erst heute Morgen aus Seattle zurückgekommen . Er ist es nicht ." Ich erwarte mich und habe vor, ihn zu überraschen. Als Scherz. Ich möchte nicht bekannt gegeben werden, verstehen Sie? Kommen Sie einfach bei ihm vorbei. Wie ist das Deck? Klar?"

„Niemand in Sicht", sagte Rainey.

„Gut! Kameraden und eine Mannschaft unten an der Barb'ry Coast, schätze ich. Robbenfänger haben letzten Landtag Freiheiten. Wie Walfänger. Ich habe selbst ein paar Eisen vergraben, Kumpel , aber ich werde nie den Dampf eines Rechts sehen." Wal wieder . Ich bin gestrandet. Also tu mir einen Gefallen, Kumpel , und steuere mich in die Kabine, wenn ja, sei der Kapitän da. Wenn er nicht da ist , werde ich auf ihn warten. Ich habe das Recht, zur Kajüte der *Karluk zu gelangen* . Ich kenne jeden Zentimeter von ihr. Das wirst du sehen, wenn wir an Bord gehen. Lass uns gehen.

Rainey führte ihn die Gangway hinunter zum Deck des Versiegelungsschiffs, das immer noch etwas vollgestopft mit unverstauter Ausrüstung war. An Bord schien der Blinde selbstbewusst zu gehen und sich hier und da mit Berührungen zu leiten, die zeigten, dass er mit der Takelage des Schiffes vertraut war. Und er schlurfte nicht länger, sondern ging leichtfüßig, grinste Rainey durch seinen Bart an und legte einen stumpfen Zeigefinger an seinen Mund, als er sich dem auf der Backbordseite angehobenen Kabinendachfenster näherte. Durch sie drang Stimmengemurmel. Der Blinde nickte zufrieden und grinste noch breiter, indem er seinem Führer ein warnendes „Psst-h" zurief.

„Wir werden sie schon zum Narren halten", sagte er nur mit den Lippen, anstatt es auszusprechen.

Die Nebentüren waren geschlossen, öffneten sich aber geräuschlos. Die Treppen waren mit gewelltem Gummi ausgelegt, der alle Geräusche dämpfte. Zwei Männer saßen am Kabinentisch, beugten sich mit ausgestreckten

Händen und Unterarmen vor und fingerten an etwas. Einer, den Rainey als den Kapitän erkannte, Simms – ein schwerer, stämmiger Mann, grauhaarig, glattrasiert, sein Fleisch gebräunt, aber irgendwie ungesund, als ob die Bronze kurz vor dem Anlaufen stünde. Unter den grauen, müden Augen waren tiefe Tränensäcke.

Der andere war jünger, groß, nervös, hatte dunkle Augen und einen dunklen Schnurrbart und Bart, letzterer auf einen Vandyke getrimmt. Zwischen ihnen lag ein langer, schmaler Ledersack, ein Sack eines Bergmanns. Es war zur Hälfte mit etwas gefüllt, das sein unteres Ende fest ausfüllte, zweifellos mit der gleichen Substanz, die in der Öffnung des Sacks und in den Handflächen der beiden Männer glänzte – Gold – grober Goldstaub!

Rainey spürte, wie er zur Seite gestoßen wurde, als der Blinde rittlings über den Niedergang ritt und in der Kabine aufragte, während er seinen Stock mit einem dumpfen Schlag auf den Boden warf und mit einem Gebrüll donnerte, das den Raum zu füllen schien und dann zurückfiel in ohrenbetäubendem Echo:

„ *Karluk* ahoi!“

Das Gesicht von Captain Simms wurde blass, die Bräune verwandelte sich in ein kränkliches Grau und sein Kiefer klappte herunter. Rainey sah, wie Angst in seine Augen stieg. Sein Begleiter bewegte keinen einzigen Muskel, bis auf einen schnellen Blickwechsel, sondern setzte sich weiterhin an den Tisch, das Gold in einer Handfläche, die Finger der anderen Hand auf den Körnern ruhend.

„Jim Lund!“ keuchte der Kapitän heiser.

„Das bin ich, du schleichender Skorpion? Dachte, das würde mir schaden, nicht wahr, du hast deine verdammte Seele in die Hölle geschossen! Aber ich bin zurück, Bill Simms. Zurück, und dieses Mal verarscht du mich nicht!“ "

Jim Lunds Gesicht war purpurrot vor Wut, große Adern traten darauf hervor und waren so geschwollen, dass es schien, als müssten sie unbedingt platzen und ihren verstopften Inhalt abgeben. Aus dem purpurnen Fleisch kräuselte sich sein scharlachrotes Haar mit teuflischer Wirkung. Seine Zähne schimmerten durch seinen Bart, kräftig, gelb, weit auseinander. Er sah aus, dachte Rainey, wie ein blinder Berserker, der nur durch sein Leiden zurückgehalten wurde.

„Du hast mich auf der Eisscholle blind gelassen, Bill Simms!“ er brüllte. „Blind, in einem treibenden Schneesturm, während das Eis aufbricht ! Wenn ich für deinen Kadaver keine Verwendung hätte, würde ich deinen Kopf aus deinem schuppigen Körper drehen, als würde ich eine Karotte ausreißen.“

Lunds Finger öffneten und schlossen sich krampfhaft. Vor Rainey wurde die Vision des drohenden Verbrechens deutlich.

„Ich habe nach dir gesucht, Jim", flehte der Kapitän, und für Rainey mangelte es seinen Worten an Überzeugung. „Ich wusste nicht, dass du blind bist. Ich hörte dich schreien, kurz bevor der Schneesturm losbrach."

Lund antwortete mit einem unartikulierten Brüllen.

„Und es sind noch andere da, Jim. Ich kann es dir erklären, wenn wir alleine sind. Wenn du ein bisschen ruhiger bist, Jim."

Lund schlug mit seinem Stock so heftig auf den Tisch, dass der Mann mit dem Vandyke-Bart, der immer noch schweigsam und aufmerksam war, seinen Arm mit einer katzenartigen Schnelligkeit zurückzog, die dem Schlag nur knapp entging. Das schwere Holz landete genau auf der gefüllten Hälfte des Sacks und ließ einen Teil des Goldes aus der Öffnung springen.

„Was habe ich da getroffen?" fragte Lund

„Was habe ich da getroffen?" fragte Lund. „Weich, wie eine Ratte." Er stürzte sich nach vorn, tastete nach dem Stich, fand ihn, hob ihn hoch, hob ihn hoch, seine Stirn war von tiefen Falten gefurcht, entdeckte das offene

Ende, schüttete etwas von der Farbe auf eine Handfläche und benutzte sie als Mörser, um daran zu mahlen Er benutzte den Finger als Stößel für die Körner und wog das Zeug mit einer leichten Auf- und Abbewegung seiner Hand ab.

Er nickte, während er den Beutel in eine Seitentasche steckte, und in der Kabine wurde es ganz still. Lunds Gesicht war grimmig und schrecklich. Rainey hätte gehen können, als der Blinde nach dem Gold griff und die Leiter frei ließ. Er hatte vorgehabt, bei der ersten Gelegenheit zu gehen, aber jetzt war er fasziniert von dem, was passieren würde, und Lund trat über den Niedergang zurück.

„Also", sagte Lund, seine tiefe Stimme wurde durch eine schnelle Zurückhaltung gedämpft. „Du hast es gefunden. Und du gehst zurück, um noch mehr zu wollen?" Seine Stirn war immer noch verwirrt. „Wal, ich gehe mit dir, Augen hin oder her, und ich werde dich Tag und Nacht im Auge behalten, Bill Simms. Darauf kannst du dich verlassen, du schleimiger Trottel!"

Seine Stimme war wieder lauter geworden. Rainey sah, wie der Schweiß auf der Stirn des Kapitäns stand, als er antwortete:

„ Natürlich kommst du, Jim. Es ist nicht nötig, dass du so redest."

„Kein Grund zum Reden! Bei der Ewigkeit, was ich zu sagen habe, dampft vierzehn Monate lang in mir, und es kommt heraus, jetzt hat es begonnen! Wer ist dieser Mann, der mit dir geredet hat? wenn ich an Bord komme?

Er drehte sich direkt auf den Mann mit dem Vandyke zu, der immer noch regungslos und scheinbar ruhig da saß und zusah, als würde er ein Theaterstück sehen, das sich entweder als Komödie oder als Tragödie herausstellen könnte.

„Das ist Doktor Carlsen. Er soll auf dieser Reise Chirurg sein, Jim", sagte Simms abfällig, obwohl er Rainey einen halb misstrauischen, halb verärgerten Blick zuwarf.

Rainey folgte dem Wink und drehte sich leise zur Leiter um, aber Lund hatte ihn am Bizeps gepackt, bevor Rainey einen Schritt getan hatte.

„Sie bleiben hier", sagte Lund, „während ich Ihnen und diesem Doc Carlsen sage, was für ein Mann Simms ist, mit seinem Sack voller Gold und mir mit dem Preis meiner letzten Mahlzeit vor zwei Stunden." Ich werde das Garn nicht ausspinnen.

„Einmal habe ich einen Aleuten von einem Bergstück gerettet. Von ihm war nicht mehr viel zu retten. Hände , Füße und Nase waren gefroren, sodass er sie verlor , aber der Porenteufel war dankbar, und er." Erzählte mir etwas.

Erzählte von einer Insel nördlich der Beringstraße, westlich des Kotzebue Sound, wo es am Strand Gold gab, das reicher und dicker war als jemals zuvor bei Nome. Ich mache mich darauf zu, Leute, die nah genug sind, dass mein Aleuten es erkennen kann – Es ist kein leicht zu vergessender Ort für jemanden, der Augen hat – und dann werden wir nach Süden geweht, geraten ins Eis und geraten in Schwierigkeiten. Die Aleuten sterben, und ich verliere mein Schiff. Aber ich war nah genug dran um die Abrechnung dieser Insel zu bekommen.

„ Schließlich lande ich pleite in Seattle. Ich treffe den Mann, den sie Hardluck Simms nennen. Damals nannten sie ihn auch Honest Simms. Einige sagten, seine Ehrlichkeit sei für sein Pech verantwortlich. Ich mag ihn und erzähle ihm schließlich davon Meine Insel. Ich habe die Abrechnung aufgestellt , und er stellt die *Karluk* , Grub, eine Mannschaft zur Verfügung.

„ Simms hat immer noch kein Glück . Die *Karluk* gerät ins Eis, wird eingeklemmt und nach Norden getragen, weit nach Norden, mit Wind und Strömung, fest in einer Eisscholle eingefroren. Es sieht so aus, als hätten wir den Winter dort. Wohlgemerkt, ich habe Honest Simms die Abrechnung mit der Insel gegeben. Wir gehen auf das Eis hinaus, um Bären zu jagen, obwohl das Wetter bedrohlich ist , denn uns fehlt Fleisch. Und wir töten einen Kadiak- Bären. Ich „Ich werde niemals die Erschießung eines anderen Bären dulden, wenn ich es verhindern kann.“

„Ich habe Müll Ich habe Probleme mit meinen Augen. Auf Anhieb. Ich bin auf der Eisscholle, keine achtzig Meter von Simms entfernt. Nein, nicht sechzig! Ich habe den Bären getötet, und wir gehen zurück zum Schoner, um einen Schlitten zu holen. Ich blieb zurück, um das Tier ausbluten zu lassen. Plötzlich, wie es dich immer trifft, packt mich die Schneeblindheit und ich rufe Honest Simms an . Ich bin blind, meine Augäpfel brennen, und das Feuer brennt zurück in mein Gehirn.

„Da kommt eine Point-Arrow-Blase. Das ist ein Sturm, der aus dem Nichts sekundenschnelle Ausbrüche hervorbringt. Er sammelt den ganzen losen Schnee und die Eiskristalle und treibt sie in einen Wirbelsturm. Plötzlich bringt der Wind das Eis dazu, sich aufzulösen Buckel und Zittern wie ein Gelee unter dir, das sich zwischen den Fahrspuren aufteilt. Du verlierst die Richtung, selbst wenn du Augen hast. Ich werde darin zurückgelassen von diesem blutrünstigen Stinktier, blind auf der schaukelnden , brechenden Eisscholle, während Er rennt mit seinen Männern zurück zum Schoner. Das ist Honest Simms! Jim Lund ist zurückgeblieben, aber Honest Simms hat die Position der Insel.

„Ich habe dich nicht rufen hören, du wärst blind, Lund. Der Wind hat deine Worte verweht Ich habe den Schoner durch reines Glück gefunden, bevor wir umgekommen sind. Wir haben nach dir gesucht – aber die Scholle war zerbrochen. Wir haben gesucht –"

"Den Mund halten!" brüllte Lund. „Sie sind innerhalb von vierundzwanzig Stunden gesegelt, ehrlicher Simms. Die Eingeborenen haben es mir später erzählt, als ich wieder reden konnte . Weißt du , was mich gerettet hat? Der Bär! Ich stolperte über den Kadaver, als ich fast erschöpft war . Ich habe es zerrissen und einige der warmen Eingeweide zerkratzt, bin in den blutigen Körper geklettert und dort geblieben, bis es kalt wurde, und habe mich umklammert. Ich warte darauf, dass du kommst und mich erwischst, ehrlicher Simms!

„Dieser Bär war für mich Unterkunft und Unterkunft, bis die Eingeborenen ihn fanden, und ich darin, mehr tot als lebendig. Der Rest ist egal. Ich komme am Tag vor Ihrer Rückkehr hierher, um mehr Gold zu holen."

„Und ich gehe mit dir. Aber zuerst werde ich eine vollständige und faire Abrechnung darüber machen, was du bereits hast. Ich habe diesen jungen Kerl bei mir, und er wird nachgeben." mir eine Hand, um einen fairen Deal zu machen.

Lund trieb Rainey ein paar Schritte vorwärts und lockerte dann seinen Griff. Der Kapitän der *Karluk* wandte sich direkt an ihn.

„Sie sind bei der *Times* ", sagte er. Während des gesamten Gesprächs war sich Rainey des Blicks von Doktor Carlsen bewusst, dessen dunkle Augen das ganze Geschehen zu verspotten schienen und der mit der Miene eines Mannes zusah, der einem Kartenspiel zuschaut und eine Ahnung davon hat, wie das Spiel ausgehen wird.

„Herr Lund ist entspannt", sagte der Kapitän. „Er hat die Illusion, dass wir ihn absichtlich im Stich gelassen und später das Gold gefunden haben, von dem er spricht. Der erste Vorwurf ist Unsinn. Wir haben bei dem schrecklichen Wetter alles getan, was möglich war. Wir haben das Schiff nur knapp gerettet."

„Was das Gold angeht, haben wir die Insel berührt und ein wenig nach Gold gesucht, bevor wir von der Küste abgefahren wurden. Der Staub im Sack ist alles, was wir gesichert haben. Wir kehren zurück, um mehr zu holen, ganz natürlich. Das kann ich." Beweisen Sie Ihnen das alles anhand des Protokolls. Es ist offensichtlich nicht manipuliert, denn wir stellten uns vor, dass Mr. Lund tot sei. Wenn es uns gelungen wäre, den Strand gründlich zu bearbeiten, würde mich nichts dazu verleiten, noch einmal dorthin zurückzukehren, um auch nur ein bescheidenes Vermögen anzuhäufen. "

Lund hatte mit vorgestrecktem großen Kopf dagestanden, als würde er alle seine verbliebenen Sinne darauf konzentrieren, die Worte des Kapitäns zu beurteilen. Der Arzt saß mit gekreuztem Bein da und rauchte eine Zigarette. Sein Gesichtsausdruck erinnerte sardonisch an eine Sphinx. Für Rainey, der ein wenig verwirrt darüber war, in die Angelegenheit hineingezogen zu werden, und verärgert darüber, klangen die Worte von Captain Simms durchaus wahr. Er wusste nicht, was er sagen sollte, ob er überhaupt sprechen sollte. Lund füllte die Lücke.

„Wenn das nicht stimmt , lügst du gut, Simms", sagte er. „Aber ich vertraue dir nicht. Du lügst, wenn du sagst, du hättest meinen Ruf nicht gehört , ich war blind. Sechzig Meter entfernt war ich, und der Wind hatte noch nicht eingesetzt. Ich hatte Angst – ja, Angst – und ich schrie aus vollem Halse. Und du bist innerhalb von vierundzwanzig Stunden abgesegelt.

"Abgefahren."

„Ich glaube dir nicht. Du hast mich im Stich gelassen – mich blind zurückgelassen, versteckt in dem blutigen, eiskalten Kadaver eines Bären. Du hast mich wie den Köter zurückgelassen, der du bist. Na ja, du –"

Die zunehmende Hektik von Lunds Stimme wurde plötzlich durch den klaren Ton einer Mädchenstimme unterbrochen. Eine von zwei Türen am hinteren Ende der Hauptkabine hatte sich geöffnet, und sie stand in der Lücke, schlank, gelbhaarig, mit grauen Augen, die leuchteten, als sie auf das kleine Tableau blickten.

„Wer sagt, dass mein Vater ein Köter ist?" sie verlangte. "Du?" Und sie begegnete Lund mit solch unerschrockener Herausforderung in ihrer Stimme, so stechender Verachtung, dass der Riese zum Schweigen gebracht wurde.

„Ich habe mich gerade angezogen", sagte sie, „sonst wäre ich schon früher rausgekommen. Wenn du sagst, mein Vater hätte dich verlassen, dann lügst du!"

Kapitän Simms drehte sich zu ihr um. Doktor Carlsen war aufgestanden und ging auf sie zu. Rainey wünschte, er wäre auf der Anklagebank. Hier war eine bahnbrechende Geschichte, die eine *Saga* des Nordens war. Er wollte es irgendwie nicht benutzen. Der Auftritt des Mädchens, ihre lebhafte, plötzliche Persönlichkeit ließen das nicht zu. Er fühlte sich wie ein Eindringling, als ihre Augen ihn ansahen, wie sie in scheinbarer Sympathie an Lunds Seite stand und sich gegen ihren Vater stellte. Und dennoch war er sich nicht sicher, ob Lund nicht verraten worden war. Die Erinnerung an den ersten Blick im Gesicht des Kapitäns, als er von der Handhabung des Goldes aufblickte und Lund sah, war zu deutlich.

„Geh in deine Kabine, Peggy", sagte der Kapitän. „Das ist kein Ort für dich. Ich komme mit der Sache klar. Lund hat Grund zur Aufregung; aber ich kann ihn zufriedenstellen."

Lund stand erstarrt da, wie ein Fährtenzeiger, alle seine Kräfte gebündelt in der Aufmerksamkeit auf das Mädchen gerichtet. Für Rainey schien es, als ob er versuchte, sie durch bloßen Hörsinn zu visualisieren , durch Wahrnehmungen, die bei Blinden beschleunigt wurden. Der Arzt ging zu dem Mädchen und sprach leise mit ihr.

Lund sprach und seine Stimme war plötzlich sanft.

„Ich wusste nicht, dass eine Dame anwesend ist, Miss", sagte er. „ Da hat dein Vater recht. Du lässt uns das regeln. Wir werden zu einer Einigung kommen."

Aber trotz seines raschen Wandels in Gelassenheit hatte seine Stimme einen unheimlichen Unterton, den das Mädchen zu erkennen schien. Sie zögerte, bis ihr Vater sie zurück in die Hütte führte.

„Setzt ihr euch ?" sagte der Arzt und sprach zum ersten Mal laut, seine Stimme war freundlich und sorgfältig neutral. „Und wir bekommen einen Tropfen von etwas. Herr Lund, ich kann Ihre Einstellung verstehen. Sie haben sehr gelitten. Aber Sie haben Kapitän Simms missverstanden. Ich habe davon schon einmal von ihm gehört. Er hat keine Lust." um Sie zu betrügen. Er ist froh, Sie am Leben zu sehen, obwohl er traurig ist. Er ist immer noch der ehrliche Simms, Mr. Lund.

„Ich kenne Ihren Namen nicht, Sir", fuhr er freundlich zu Rainey fort. „Der Kapitän sagte, Sie seien Journalist?"

„John Rainey von der *Times* . Ich wusste nichts davon, bevor ich an Bord kam."

„Und Sie werden natürlich verstehen, was Mr. Lund in seiner natürlichen Aufregung übersehen hat, nämlich, dass dies keine Geschichte für Ihre Zeitung ist. Wir sollten eine Flotte hinter uns haben. Wir müssen Ihr Vertrauen einholen, Mr. Rainey."

Der Arzt hatte eine starke Persönlichkeit, erkannte Rainey. Nicht die tosende, treibende Kraft von Lund, sondern ein beharrlicher, kraftvoller Wille. Er mochte den Mann auf den ersten Blick nicht. Er war zu distanziert, zu sardonisch in seiner Haltung. Aber seine Art war freundlich genug, und seine Stimme deutete überzeugend an, dass Rainey ein Mann war, dem man vertrauen konnte. Kapitän Simms kam zurück in die Kabine und schloss die Tür zum Zimmer seiner Tochter.

„Wir werden zusammen etwas trinken gehen", sagte der Arzt. „Ich habe etwas Scotch in meiner Kabine. Könnten Sie mich kurz entschuldigen? Kapitän, würden Sie ein paar Gläser und einen Stuhl für Herrn Lund besorgen?"

Der Kapitän blickte etwas unsicher auf Rainey und dann auf Lund, dessen Aggressivität völlig verschwunden zu sein schien. Es war Rainey, der den Stuhl für Letzteres besorgte und sich setzte. Er würde an einem geselligen Umtrunk teilnehmen und sich dann mit der Sache abfinden, sagte er sich.

Und er versprach, die Geschichte nicht zu drucken oder darüber zu sprechen. Das war ein mieses Zeitungshandwerk, vermutete er, aber in diesem Sinne war er kein erstklassiger Mann. Er ließ zu, dass seine eigene Ethik manchmal seine Feder und das, was die Zeitung als ihr bestes Interesse ansah, beeinträchtigte. Und das war ein Volltreffer.

Aber es stimmte, dass sein Druck eine Störung der *Karluk*- Expedition bedeuten würde. Und da war das Mädchen. Rainey würde das Mädchen nicht vergessen. Ob der *Karluk* jemals zurückkäme? Aber dann wäre sie eine Erbin.

Rainey richtete sich wie ein Idiot auf, als er sah, wie seine Gedanken rasten, als der Arzt mit einer Flasche schottischem Whisky und einem Siphon zurückkam. Der Kapitän hatte Gläser und einen Krug mit klarem Wasser von einem Gestell bereitgestellt.

„Ich kann mir vorstellen, dass Sie der Einzige sind, der Selters nimmt, Mr. Rainey", sagte der Arzt freundlich und reichte die Flasche. „Kapitän Simms verwendet, wie ich weiß, klares Wasser. Siphons sind auf See rar. Ich nehme an, dass Mr. Lund dasselbe tut. Und ich bevorzuge ein stilles Getränk."

„Klares Wasser für mich", sagte Lund.

„Wir sind alle angeklagt", sagte der Arzt. „Auf ein besseres Verständnis!"

„Freut mich, Sie an Bord zu sehen, Mr. Rainey", sagte der Kapitän.

Lund grunzte nur.

Rainey nahm einen großen Schluck aus seinem Glas. In der Hütte war es heiß und er hatte Durst. Das Selters schmeckte ein wenig fade — oder der Whisky war von einer ungewöhnlichen Marke, vermutete er. Und dann ergriff ihn plötzlich Trägheit. Er verlor den Gebrauch seiner Gliedmaßen und seiner Zunge, als er zu rufen versuchte. Er sah die sardonischen Augen des Arztes, die ihn beobachteten, während er versuchte, eine Lethargie abzuschütteln, die schnell in Schwindel überging.

Undeutlich hörte er das Kratzen, als der Kapitänsstuhl zurückgeschoben wurde. Von weitem hörte er Lunds große Stimme dröhnen: „Hier, was ist

das?“ und der Arzt mischt sich leise und eifrig ein; Dann brach er zusammen,
sein Kopf fiel nach vorne auf seine ausgestreckten Arme.

KAPITEL II

EIN GETEILTES UNTERNEHMEN

Es war nicht das erste Mal, dass Rainey auf einem Schiff, einem Segelschiff, und auf See war. Wann immer es möglich war, verbrachte er seine Spielstunden auf einer kleinen, billigen Schaluppe, die er gemeinsam mit einem anderen Mann besaß, beide Mitglieder des Corinthian Club. Obwohl die *Curlew* keine Hochwasserfahrten gemacht hatte, waren sie mehr als einmal auf Offshore-Regatten und Vergnügungsfahrten entlang der kalifornischen Küste auf und ab gesegelt, und da es an Erfahrung in der tatsächlichen Navigation mangelte, war Rainey für einen Amateur ein recht geschickter Segler.

Als er sich also langsam aus dem Griff der Droge befreite, die man ihm gegeben hatte, mit einer Hirnschale, die mit Watte vollgestopft zu sein schien und in der ein dumpfer, anhaltender Schmerz pochte – mit einer Kehle, die mit Asche bedeckt zu sein schien, seltsam angespannt – ein übel werdender Magen – Augen, die Dinge durch einen Dunst sahen – Gliedmaßen, die schmerzten, als wären sie verletzt – die Geräusche, die sich durch sein träges Bewusstsein drängten, waren vertraut genug, um ihn fast augenblicklich zu orten und dem flackernden Film seiner Erinnerung zu helfen, das abzuspulen, was war geschehen.

Während er dort in einer schmalen Koje lag und das Spiel des Lichts beobachtete, das durch ein Bullauge außerhalb seines Blickfelds fiel, nahm er in diesem unregelmäßigen Hin und Her des reflektierten Sonnenlichts das Wanken und Stampfen der Kabinenwände wahr und lauschte dem leisen Dröhnen der Wellen, die ihm folgten Das Taumeln an der Seite, das ihm verriet, dass die *Karluk* schwerer See trotzte, bemächtigte sich einer langsamen Wut, die sich gegen den Arzt mit dem sardonischen Lächeln und Kapitän Simms richtete, von dem Rainey sicher war, dass er die Handlungen des Arztes stillschweigend gebilligt hatte.

Er erinnerte sich an Lunds Ausruf „Hier, was ist das?" – die Frage eines Blinden, der nicht begreifen konnte, was geschah – und sprach ihn frei.

Sie hatten ihn vorsätzlich entführt und entführt, weil sie ihm nicht trauen wollten, weil sie dachten, er würde die Geschichte vom Schatzstrand der Insel in seiner Zeitung abdrucken oder darüber plappern und einen Ansturm auf den neuen Schlag starten, von dem er erzählte hatte den Beweis im Goldstaub gesehen, der aus dem Sack strömte.

Er war bereit gewesen, den Vorwurf zu unterdrücken, überlegte Rainey bitter, seine Absichten seien in dieser ihm aufgezwungenen Situation gerechtfertigt gewesen, und sie hatten ihm nicht vertraut. Sie würden kein Risiko eingehen, dachte er und fragte sich plötzlich, welchen Standpunkt das Mädchen in dieser Angelegenheit einnehmen würde. Er konnte sich nicht vorstellen, dass sie es gutheißen würde. Dennoch würde sie sich natürlich auf die Seite ihres Vaters stellen, wie sie es auch gegen Lunds Anschuldigungen getan hatte. Und Rainey vermutete, dass hinter Lunds Vorwurf der Desertion etwas steckte. Das Gesicht des Mädchens, ihre anmutige Gestalt, der Klang ihrer Stimme blieben lange in seiner immer noch gelähmten Erinnerung hängen, bevor er es abtun und zum Hauptgrund seiner Inhaftierung kommen konnte – *was sollten sie mit ihm machen?*

Es war ein Vermögen in Sicht. Für Gold vergessen die Menschen die Verpflichtungen des Lebens und des Gesetzes in der Zivilisation; Sie verfallen in den wilden Typus und ihre Gedanken und Handlungen werden vom primitiven Drang der Lust bestimmt. Verrat, Egoismus, Grausamkeit und Verbrechen entstehen aus den leuchtenden Partikeln, noch bevor sie tatsächlich sichtbar und greifbar sind.

Rainey wusste das. Er hatte viele wahre Geschichten gelesen, die aus dem eisigen Norden, aus den Wüsten und den Bergen gekommen waren, Geschichten über die Bergbaugeschichten des Westens.

Er misstraute dem Arzt. Der Mann hatte ihn unter Drogen gesetzt. Er war ein Mann, dessen Beruf, dessen Geist verzerrt war, das Leben herabwürdigte. Kapitän Simms wurde beschuldigt, einen Blinden auf einer zerbrochenen Eisscholle zurückgelassen zu haben. Lund war der Typ, dessen Leidenschaften ihn rücksichtslos machten. Die Besatzung – sie wäre durch Anteile an dem Unternehmen gebunden, ein rauer Haufen, der viel wagte und sich wenig um alles kümmerte, was über seinen eigenen engen Horizont hinausging. Das Mädchen war der einzig erlösende Aspekt der Situation.

Lag es an ihr – vielleicht auch an ihrem besonderen Flehen –, dass sie nicht weitergegangen waren? Oder kämpften sie sich immer noch durch die Köpfe und warteten, bis sie weit draußen auf dem Meer waren, bevor sie ihn entsorgten, sodass keine Chance bestand, dass sein verräterischer Körper an der Küste angespült wurde, um ihn zu erkennen und nach Hinweisen zu suchen? Er fragte sich, ob irgendjemand gesehen hatte, wie er mit Lund an Bord der *Karluk ging* – irgendjemand , der sich daran erinnern und den Umstand erwähnen würde, als er als vermisst aufgefunden wurde.

Das kann ein oder zwei Tage dauern. Im Büro würden sie sich wundern, warum er nicht erschien, um über sein Detail zu berichten, obwohl er seine Arbeit zuverlässig erledigt hatte. Aber sie würden zunächst kein schlechtes Spiel vermuten. Er hatte keine unmittelbare Familie. Seine Vermieterin beherbergte andere Journalisten und war an deren Launen gewöhnt. Und die ganze Zeit über kämpfte sich die *Karluk nach Norden, weit draußen auf dem Meer, vielleicht während ihrer gesamten Reise ungesehen, entlang dieser Nebelküste.*

Rainey war verschwunden, außer Sichtweite. Er würde einen Tag lang ein Wunder auf der Titelseite sein, sich dann etwa einen Tag lang auf Absätze konzentrieren, und das wäre das Ende.

Aber sie hatten es ihm bequem gemacht. Er befand sich nicht in einem stinkenden Vorschiff, sondern in einer Koje in einer Kabine, die zum Hauptraum des Schoners hin offen sein musste. Warum hatten sie ihn so rücksichtsvoll behandelt? Trotz all seines Elends schlief er ein, erschöpft von seinen Bemühungen, das Knurren zu entwirren. Als er wieder aufwachte, war sein Mund vor Durst verklebt.

Der Schoner kämpfte immer noch gegen das Meer – und auch gegen den Wind, wie Rainey vermutete –, segelte am Wind und steuerte gegen den Handel nach Norden. Er suchte nach seiner Uhr. Es war heruntergekommen. Sein Kopf schmerzte unerträglich. Jedes Haar schien in einem Nervenzentrum des Schmerzes zu sitzen. Aber er war besser.

Hinter seinem Durst steckte nun der Hunger, und die Apathie, die ihn zum müßigen Denken gehalten hatte, war einer Energie gewichen, die ihn zum Handeln und Entdecken drängte.

Als er sich in seiner Koje aufsetzte, vollständig bekleidet, wie er an Bord gekommen war, öffnete sich die Tür seiner Kabine und der Arzt erschien, nickte kühl, als er sah, wie Rainey sich bewegte, verschwand für einen Moment und brachte irgendeinen Schluck herein langes Glas.

„Nimm das", sagte Carlsen. „Zieh dich zusammen. Dann kriegen wir etwas zu Essen in dich hinein."

Die ruhige, unverschämte Art des Arztes, der alles, was geschehen war, ignorierte, schien Rainey das ganze Blut ins Gehirn treiben zu lassen. Er nahm das Glas und schleuderte seinen Inhalt Carlsen ins Gesicht. Der Arzt wich aus, und das Zeug spritzte gegen die Kabinenwand, nur ein paar Tropfen erreichten Carlsens Mantel, den er mit seinem Taschentuch ungerührt abwischte.

„Sei kein verdammter Idiot", sagte er mit irritierend ruhiger Stimme zu Rainey. „Haben Sie Angst, dass es unter Drogen steht? Ich wäre nicht so ungeschickt. Ich hätte Ihnen im Schlaf eine Injektionsspritze geben können, genug, um Sie so viele Stunden lang bewusstlos zu halten, wie ich möchte – oder für immer."

„Ich mixe dir eine weitere Dosis – noch eine – nimm es oder lass es. Nimm es, und du wirst dich bald wieder fühlen, nachdem Tamada dich gefüttert hat. Dann werden wir die Situation klären. Lass es und ich wasche mich." Meine Hände von dir. Du kannst nach vorne gehen und bei den Männern schlafen und die Drecksarbeit erledigen.

Er sprach mit der ruhigen Selbstverständlichkeit eines Menschen, der den Schoner steuerte, wie Rainey bemerkte, und zwar eher als Kapitän als als Chirurg. Aber Rainey hatte das Gefühl, dass er sich lächerlich gemacht hatte, und nahm den zweiten Schluck, der ihm fast augenblicklich Erleichterung verschaffte, seinen Mund und Rachen reinigte und, als seine Kopfschmerzen nachließen, auch sein Gehirn reinigte.

„Warum hast du mich unter Drogen gesetzt?" er forderte an. „Ziemlich selbstherrlich. Ich kann dich dafür bezahlen lassen."

„Ja , wie ? _ _ Wir sind keine Piraten. Das war eine reine Angelegenheit. Eine Million oder mehr in Sicht.

„Lund hätte beinahe Dinge verschüttet, so wie er tobte. Es ist ein Wunder, dass ihn nicht jemand so vernünftig belauscht hat, dass er umgefallen ist."

„Wir sind kein Risiko eingegangen. Wir haben die Crew zusammengetrieben und sind rausgekommen. Der Mann, der einen Goldfund gemacht hat, denkt, dass alle anderen ihn beobachten. Das ist ein echtes Risiko. Wenn sie uns folgen würden, würden sie uns vom Strand verdrängen." . Ich glaube nicht, dass uns jemand gefolgt ist. Wenn ja, haben wir sie in diesem Nebel verloren.

„Aber wir sind kein Risiko eingegangen, nachdem Lund abgeflogen ist. Vielleicht hat er es an Land getan, bevor Sie ihn an Bord gebracht haben.

„Ich hätte dir mein Wort gegeben."

„Und wollte es behalten. Aber du wärst ein unsicherer Faktor gewesen, ein schwaches Glied. Du hättest es vielleicht im Schlaf verraten. Du hast genug gehört, um die allgemeine Lage der Insel zu erraten, als Lund damit herausplatzte. Du wusstest es." Zu viel. Angenommen, die *Karluk* kämpften sich bis zur Kotzebue-Bucht vor und fanden ein Dutzend herumhängender Kraftschiffe, die darauf warteten, dass wir sie zum Strand führten? Und wir hätten uns den ganzen Weg nach oben Sorgen gemacht, wenn Sie los wären. Sie sind ein Zeitungsmann. Die Unterdrückung dieses Artikels hätte Sie besessen und auf Ihrem Reportergewissen gelegen.

„Ich nehme nicht an, dass Ihr Gehalt weit über dreißig pro Woche liegt, oder? Nun, dann erwartet Sie hier ein Hauch von echtem Abenteuer, das besser ist, als Hafenklatsch bei einem blutrünstigen Mann zu sammeln. Wenn wir gewinnen ..." Und du hast das Gold gesehen – *du* gewinnst. Wir erwarten, dir einen Anteil zu geben. Wir haben es noch nicht in Anspruch genommen, aber es wird ausreichen. Wahrscheinlich mehr, als du in zehn Jahren verdienen würdest, mehr als du verdienen würdest Sei bereit, dein

Leben lang zu retten. Wir haben dich zu deinem eigenen Besten entführt. Du bist ein Gefangener *der Extraklasse* , mit der Kontrolle über das Schiff.“

„Ich kann meinen Durchgang schaffen“, sagte Rainey. Er konnte die Stärke des Arguments des Arztes erkennen, obwohl er den Mann nicht mochte. Er vertraute dem Arzt nicht, obwohl er dachte, er würde fair mit dem Gold umgehen. Aber es war lustig, wie er die Kontrolle übernahm.

„Ein bisschen gesegelt?“ fragte Carlsen.

"Ja."

„Können Sie navigieren?“

Rainey glaubte, die Betonung dieser Frage zu erkennen.

„Ich kann lernen“, sagte er. „Habe eine allgemeine Vorstellung davon.“

"Ah!" Der Arzt schien das Thema mit einiger Erleichterung abzutun. „Nun“, fuhr er fort, „sind Sie offen für Vernunft – und Essen? Es tut mir leid um Ihre Freunde und Leute an Land, aber Sie sind nicht der erste Verschwender, der mit dem gemästeten Kalb zurückkommt, anstatt hungrig danach zu sein.“ ."

„Dieser Teil davon ist in Ordnung“, sagte Rainey. Es gab keine Hilfe für die Situation, außer das Beste daraus zu machen. „Aber ich würde dir gerne eine Frage stellen.“

„Mach schon. Eine Zigarette trinken?“

jemand anderem abgenommen , aber der Geruch von brennendem Tabak, als Carlsen sich eine Zigarette anzündete, löste in ihm ein unwiderstehliches Verlangen nach einer Zigarette aus. Außerdem wäre es nicht gut, wenn der Arzt wüsste, dass er ihm misstraute. Wenn er Teil des Schiffslebens sein sollte, hätte es wenig Sinn, sich kleinlich zu verhalten. Er nahm die Zigarette, akzeptierte das Licht und atmete dankbar ein.

"Was ist die Frage?" fragte Carlsen.

„Du warst nicht auf der letzten Reise. Du warst nicht am ursprünglichen Deal beteiligt. Aber ich finde, dass du das ganze Reden übernimmst und mir Angebote machst. Du hast mich aus eigenem Antrieb unter Drogen gesetzt. Wo ist der Skipper? Wie steht er da?“ Warum ist er nicht zu mir gekommen? Wie hoch ist Ihr Rating an Bord?“

„Für einen Außenstehenden verlangen Sie ein gutes Angebot, Rainey. Ich bin zum Teil als Ihr Arzt zu Ihnen gekommen. Aber ich spreche im Namen des Kapitäns und der Besatzung. Machen Sie sich darüber keine Sorgen.“

„Und Lund?" Rainey konnte dem Schuss nicht widerstehen. Er hatte gemerkt, dass der Arzt einen Groll gegen Lund hatte.

Carlsens Augen wurden schmal.

„Für Lund wird gesorgt", sagte er, und Rainey konnte die Aussage beim besten Willen nicht als Drohung oder freundliches Versprechen einstufen. „Was meinen Status angeht, erwarte ich, dass ich der Schwiegersohn von Captain Simms werde, sobald die Reise vorbei ist."

„In Ordnung", sagte Rainey. Carlsens Ankündigung überraschte ihn. Irgendwie konnte er das Mädchen nicht als Verlobte des Arztes bezeichnen. „Ich nehme an, dass der Kapitän diese Angelegenheit erwähnen wird", fragte er, „um sie zu festigen?"

„Vielleicht", antwortete Carlsen rätselhaft. „Möchtest du aufstehen?"

Rainey stand auf und badete Gesicht und Hände. Carlsen verließ die Kabine. Der Hauptraum war leer, als Rainey eintrat, aber am Tisch war noch ein Platz gedeckt. Als er durch das Oberlicht auf den verräterischen Kompass an der Decke blickte, bemerkte er, dass die Sonne tief im Westen stand.

Die Hauptkabine war gut mit Hartholz ausgestattet, mit roten Kissen an den Spiegeln und hier und da hing eine Schlingpflanze oder so. Ein Kanarienvogel zwitscherte und fing an zu singen. Es war alles gemütlich und harmlos. Dennoch war er vor nicht allzu langer Zeit am selben Tisch unter Drogen gesetzt worden. Und nun wurde ihm ein Anteil am nicht eingesammelten Gold verpfändet . Bis zu seinem Schreibtisch im *Times- Büro* war es weit entfernt .

Ein Japaner trat ein, kräftig, weiß gekleidet, geschickt, höflich, gleichgültig. Er hatte etwas Schinken und Eier, starken Kaffee, geschnittene Pfirsiche aus der Dose, Brot und Butter mitgebracht. Er servierte, während Rainey herzhaft aß und spürte, wie er beim Essen, besonders beim Kaffee, zu seinem alten Ich zurückkehrte.

„Danke, Tamada ", sagte er, als er endlich seinen Teller beiseite schob.

„Alles in Ordnung , Sir?" schnurrte der Japaner.

Rainey nickte. Das „Sir" war beruhigend. Er wurde als jemand an Bord der *Karluk akzeptiert* . Tamada entfernte sich schnell und Rainey suchte nach seinen eigenen Zigaretten. Er zögerte ein wenig, in der Kabine zu rauchen, dachte an das Mädchen und fragte sich, ob sie an Deck war, wohin er wollte. Jemand schnarchte in einer Kabine neben der Kabine, und der Lautstärke nach zu urteilen, war es Lund.

Schließlich handelte es sich um eine geteilte Reederei. Denn er wusste, dass Lund, der durch seine Blindheit gehandicapt war, Simms gegenüber ständig misstrauisch sein würde. Und der Arzt war gegen Lund. Raineys eigene Position war paradox.

Er machte sich auf den Weg zum Niedergang, und ein leises Geräusch veranlasste ihn, sich umzudrehen und das Mädchen anzusehen. Sie sah ihn beiläufig an, als Rainey zu seinem Ärger errötete.

„Guten Tag", sagte Rainey. „Gehst du an Deck?"

Es war kein kluger Einstieg, aber sie schien ihm in gewissem Maße den Witz zu rauben. Er wusste noch nicht, wie sie zu seiner Anwesenheit an Bord stand. Hat sie seine gewaltsame Entführung als möglichen Betrüger geduldet? Oder-?

„Mein Vater hat mir erzählt, dass du beschlossen hast, mit uns zu gehen", sagte sie freundlich, aber nicht besonders herzlich, dachte Rainey.

„Doktor Carlsen hat mir bei meiner Entscheidung geholfen."

Sie schien dies nicht als einen Stoß zu betrachten, sondern stand leicht schwankend auf der Seite des Schiffes und betrachtete ihn mit ernsten, abschätzenden Augen.

„Dir geht es nicht gut", sagte sie. „Ich hoffe, es geht dir besser. Hast du gegessen?"

Rainey begann zu glauben, dass sie die Fakten nicht kannte. Und er beschloss, sie zu ignorieren. Es war nichts zu gewinnen, wenn man ihr Dinge gegen ihren Vater erzählte – und schon gar nicht gegen ihre Verlobte, den Arzt.

„Danke, das habe ich", sagte er. „Ich wollte Herrn Lund aufsuchen."

Der Satz deckte einen plötzlichen Sinneswandel ab. Er wollte nicht länger mit dem Mädchen an Deck gehen. Sie sollten keine Vertrauten sein. Sie sollte Carlsen heiraten. Er war ein Außenseiter. Carlsen hatte ihm das gesagt. Sie schien ihn also unpersönlich und ohne Interesse zu betrachten. Es hat ihn gereizt.

„Mr. Lund ist in der Kabine des Ersten Offiziers", sagte das Mädchen und deutete auf eine Tür. „Herr Bergstrom, der Maat war, ist auf der letzten Reise auf See gestorben. Doktor Carlsen fungiert zusammen mit meinem Vater als Navigator, aber er hat ein anderes Zimmer."

Sie ging an ihm vorbei und ging an Deck. Carlsen fungierte sowohl als Erster Offizier als auch als Chirurg. Das bedeutete, dass er Seemann war. Außerdem hatten sie keinen Ersatz, keine anderen Männer eingestellt, um die kleine Gruppe von Glücksjägern zu vergrößern, die das Geheimnis oder einen Teil davon kannten. Es war ungewöhnlich, aber Rainey zuckte mit den Schultern und klopfte an die Tür der Hütte.

Es bedurfte eines lauten Klopfens, um Lund zu wecken. Schließlich brüllte er: „Komm herein. "

Rainey fand ihn auf der Kante seiner Koje sitzend, bekleidet mit Unterwäsche und aufgesetzter Brille. Rainey fragte sich, ob er darin schlief. Lunds unheimliche Intuition schien den Gedanken zu lesen. Er tippte auf die Linsen.

„Ich hasse es, sie auszuziehen", sagte er. „Licht tut meinen Augen weh, obwohl der Sehnerv tot ist. Scheint durchzudringen. Wie geht es euch ?"

Rainey ließ Lund den vollen Nutzen aus seiner Blindheit ziehen. Der Riese konnte nicht wissen, was im Kopf des Arztes vorging, aber er musste etwas gelernt haben. Lund war nicht der Typ, der sich mit halben Antworten zufrieden gab, und hatte zweifellos das Gefühl, dass er ein Eigentumsinteresse an den *Karluk hatte* , weil er der ursprüngliche Besitzer des Geheimnisses war. Rainey fragte sich, ob er die Haltung des Arztes in dieser Richtung gespürt hatte, eine Haltung, die größtenteils in Carlsens Gesichtsausdruck zum Ausdruck kam, der stets den schwachen Anflug eines höhnischen Grinsens trug.

„Sie wissen, dass sie mich unter Drogen gesetzt haben", beendete Rainey seinen Bericht über das Interview, das er mit dem Arzt geführt hatte.

„Knockout-Tropfen? Ich habe es erraten. Der Doktor ist schlau. Nun, Sie haben nicht viel auszusetzen, oder? Carlsen hat vernünftig geredet. Hier sind Sie auf dem Weg zu einem Vermögen. Ich werde dafür sorgen, dass Ihre Aktie fair ist." Es gibt genug. Es ist kein schlechtes Quartier, in das du geraten bist, mein Junge. Aber ich werde auf dich aufpassen. Ich bin sozusagen für deine Reise verantwortlich, weißt du, Kumpel . Und ich werde dich brauchen. "

Er senkte geheimnisvoll seine Stimme.

„ Sie sind ein Schriftsteller, Mister Rainey. Sie haben Verstand. Sie können sehen, in welche Richtung sich *etwas* bewegt Ich habe nicht vor, noch einmal dafür einzustehen . Und dann hatte ich meine Augen. Es hat keinen Sinn, in einem Aufruhr zu leben . Ich muss Wache halten. Ich muss die Augen offen halten.

„Und ich habe keine Augen. Du hast sie. Benutze sie für uns beide. Ich verlange nicht , dass du Partei ergreifst. Aber ich habe Grund, misstrauisch zu sein. Ich rufe den Kapitän nicht an *Ehrlicher* Simms nicht mehr. Und ich hänge nicht an diesem Arzt fest. Er ist zu herrisch. Er hat den Skipper unter seiner Fuchtel. Und da ist irgendetwas Komisches an dem Skipper. Ist dir etwas aufgefallen ?"

„Warum, ich kenne ihn nicht", sagte Rainey. „Er sieht nicht besonders gut aus, was ich von ihm gesehen habe. Nur einmal."

„Er ist log ", sagte Lund vertraulich. „Er ist nicht derselbe Mann. Vielleicht liegt es an seinem Gewissen. Aber dieser Arzt hat ihn im Griff ."

„Er wird die Tochter des Kapitäns heiraten", sagte Rainey.

„ Simms' Tochter? Wird Carlsen sie heiraten? Ähm! Das könnte der Grund für die Milch in der Kokosnuss sein. Sie ist eine Fremde für mich. Lebte an Land bei ihrem Onkel und ihrer Tante, sagen sie mir. Carlsen war der Hausarzt. Jetzt ist sie es weg mit ihrem Vater.

Sein Gesichtsausdruck wurde listig, und er griff nach Raineys Knie, fand es so schnell, als ob er sehen könnte, und tippte darauf, um es zu betonen.

„Das ist für uns ein Grund mehr, nach Dingen Ausschau zu halten, Kumpel " , fuhr er fast flüsternd fort. „Wenn sie mich einmal ausgespielt haben, können sie es noch einmal tun . Und sie haben die Chance, wenn ich es nicht sehe. Aber ich kann ein oder zwei Tricks machen. Du und ich kommen zusammen an Bord. Du gibst mir." Eine Hand. Bleib bei mir, und ich werde dafür sorgen, dass du deinen Schlag durchführst.

„Ich lasse deine Koje umziehen. Du kommst mit mir rein. Und wir werden eins nach dem anderen zusammenstellen. Wir werden Freunde sein. Behandle sie fair, wenn sie uns fair behandeln. Aber vergiss das nicht." Sie haben deinen Grog repariert. Ich hatte damit nichts zu tun. Ich bin vielleicht gestrandet, aber wenn die Flut steigt – "

Er drückte die Kraft seiner kräftigen Finger tief in Raineys Bein oberhalb des Knies, mit einem Griff, der dort violette blaue Flecken hinterließ, bevor der Tag zu Ende war.

„Wir zwei, Kumpel ", sagte er. „Jetzt haben Sie und ich eine Menge Zeug, das nicht gedopt ist."

Er bewegte sich mit erstaunlicher Freiheit und Sicherheit durch die kleine Hütte und kicherte, während er Flaschen und Gläser in der Hand hielt und Whisky und Wasser abgab.

„ W'en „Du bist blind", sagte er und stopfte seine Pfeife mit schwarzem Tabak voll, „ das sind andere Dinge, die zu dir kommen." Ich kenne den Lauf dieses Schiffes, mit verbundenen Augen, könnte man sagen. Im Notfall könnte ich in die Luft gehen oder sie steuern. Noch mehr Grog?

Aber Rainey enthielt sich nach dem ersten Glas, obwohl Lund die Flasche ohne erkennbare Wirkung weiter senkte.

„ Du bist also ein bisschen ein Seemann?" fragte der Riese plötzlich. „Ein Gelehrter. Du kannst navigieren, daran zweifle ich nicht?"

„Ich hoffe, dass ich auf der Reise Gelegenheit zum Lernen bekomme", antwortete Rainey. „Ich kenne die allgemeinen Prinzipien, aber ich habe noch nie versucht, einen Sextanten zu verwenden. Ich werde den Skipper bitten, mir zu helfen. Oder Carlsen."

„Carlsen! Was zum Teufel weiß ein Arzt schon über Navigation?" forderte Lund.

Rainey erzählte ihm, was das Mädchen gesagt hatte, und der Riese grunzte.

„Ich habe meine Zweifel, ob sie dir jemals helfen werden", sagte er. „Ich wünschte, ich könnte. Aber ohne meine Augen wäre es schwer . Und ich habe keinen Sextanten und kein Buch. Es ist schade."

Seine Enttäuschung schien groß zu sein, und Rainey konnte es nicht begreifen. Warum schienen sowohl Lund als auch Carlsen dieser Angelegenheit Nachdruck zu verleihen? Warum war der Arzt erleichtert und Lund enttäuscht über seine Unwissenheit?

Als sie später zusammen aus der Kabine kamen, sah Lund, obwohl er vollkommen nüchtern blieb und die Hand auf Raineys Schulter legte, vielleicht als Orientierungshilfe, aber mit einem Zeichen von Vertrautheit, nach dem Alkohol stinken, den er getrunken hatte, dass das Mädchen ihn ansah ein Blick, in dem sich die Verachtung unverhüllt zeigte. Es war klar, dass seine Vertrautheit mit Lund ihn nicht zu ihren Gunsten bringen würde.

KAPITEL III

ZIELPRAXIS

Die *Karluk* war ein 85 Tonnen schwerer Schoner vom Typ Gloster Fisherman mit einer Länge von 90 Fuß und einer Breite von 25 Fuß. Ihre enorme Leinwandspanne, die Kapitän Simms bei allen möglichen Gelegenheiten bis zum Äußersten ausbreitete, wurde durch das Bleipendel, aus dem ihr Kiel bestand, ausgeglichen, und sie konnte an ihrem besten Segelpunkt mit zwölf Knoten durch die Meere gleiten – sie erreichte – der Wind hinter ihrem Balken.

Nachdem Rainey am Steuer bewiesen hatte, dass er sie beherrschte und bewiesen hatte, dass er über Seemannskenntnisse, einiges an Seehandwerk und, was die Matrosen nicht besaßen, über Initiative verfügte, ernannte ihn Kapitän Simms zum zweiten Steuermann.

„Wir haben in der Regel keine dabei", sagte der Kapitän. „Aber dafür bekommst du eine Bewertung und das Recht, in der Kabine zu essen." Er hatte das Thema Raineys Entführung nicht zur Sprache gebracht, und Rainey ließ es dabei. Es hatte keinen Sinn, über das Unvermeidliche zu streiten. Die Bewertung und der Kabinenpreis schienen eine Entschuldigung zu sein, und er war bereit, sie anzunehmen.

Carlsen fungierte als Erster Offizier und Rainey musste ihn als effizient anerkennen. Er vermutete, dass der Mann Schiffsarzt gewesen sein musste, und erlernte daher die Seemannschaft. Nach ein paar Tagen überließ Carlsen seine Pflichten, abgesehen davon, dass er mit dem Kapitän Beobachtungen zur Mittagszeit machte und die Abrechnung ausarbeitete, größtenteils Rainey, der sich über die Erfahrung sehr freute. Ein Matrose namens Hansen wurde zum amtierenden Quartiermeister befördert und löste Rainey ab. Carlsen verbrachte die meiste Zeit damit, sich um das Mädchen zu kümmern oder mit den Jägern zu plaudern, mit denen er bald eine intime Beziehung einging.

Die Jäger schätzten sich hinsichtlich Intelligenz und Verdienstmöglichkeiten über die Seeleute. Die Vorschiffe fungierten gelegentlich als Bootssteuerer und Ruderer für die Jäger, von denen jeder sein eigenes Boot hatte, von dem aus er die vorbeifahrenden Robben schießen konnte.

Es gab sechs Jäger und zwölf Matrosen, abgesehen von einem allgemeinen Hilfsarbeiter namens „Sandy", der das Vorschiff und die Jägerunterkünfte aufräumte, wo sie herumalberten, und Tamada , dem Koch, in der Kombüse mit seinen Töpfen half Gerichte. Aber jetzt war für die Jäger keine Arbeit mehr in Sicht, und sie faulenzten an Deck oder in den Mittschiffsquartieren, spinnten Garne oder spielten Poker. Auf dieser Reise ging es ihnen um Gold, nicht um Robben.

„ Im Einklang mit der Vereinbarung", sagte Lund zu Rainey, „wird das Gold in hundert Anteile aufgeteilt. Einer für jeden Matrosen, und sie spenden für den Jungen. Zwei für die Jäger, zwei für den Koch, vier." für Bergstrom, den Ersten Maat, der auf See starb. Zwanzig für den „Schiffsanteil". Fünfzig Aktien werden zwischen Simms und mir aufgeteilt.

„Wie hoch ist der ‚Schiffsanteil'?" fragte Rainey.

„Stellt eine Kapitalinvestition dar. Tatsächlich gehört es dem Mädchen", sagte Lund. „Simms hat ihr den *Karluk gegeben* . Der ist bei der Versicherung auf ihren Namen."

„Dann bekommen er und seine Tochter fünfundvierzig Aktien und du nur fünfundzwanzig?"

„Du hast es richtig verstanden", grinste Lund. „Simms ist kein Philanthrop. Es war nicht so einfach für mich, jemanden dazu zu bringen, mit mir reinzugehen, mein Sohn. Ich bin nicht der erste Mann, der mit der Nachricht von einem Streik hereinkommt . Und das hatte ich auch." Nichts , was man dafür vorweisen konnte. Nicht einmal die Farbe Gold. Nichts als das Wort eines toten Aleuten, mein eigenes Urteil , und mein eigener Anblick einer Insel, auf der ich nie gelandet bin. Tatsächlich war Honest Simms der einzige Einer, der mich nicht direkt angegriffen hat . Es war nur sein Pech, das ihn dazu brachte, eine Chance auf Gold zu versuchen, statt Felle zu jagen
.

„Und wir hatten eine harte und strenge Vereinbarung, die auf Papier ausgearbeitet, unterzeichnet, beglaubigt und aufgezeichnet wurde. Natürlich hält es ihn genauso fest wie mich, aber er hat das lange Ende dieses *Stocks im Griff* . Wenn ich lese Oder mir wurde im Seattle *News-Courier vorgelesen* , dass der *Karluk* als „Angekommen" in San Francisco gelistet war, das war alles, was ich tun konnte, um an Fahrgeld und Geld zu kommen. Wenn ich nicht blind gewesen wäre, und einige von ihnen sind halbwegs menschlich gegenüber einem Mann mit ausgeschaltetem Licht, ich hätte es nie erhoben. Ich wäre irgendwie hierher gekommen , Kumpel , wenn ich hätte laufen müssen, aber ich würde es tun Ich bin etwas spät hier angekommen. Dann hätte ich warten müssen, bis Simms wieder zurückkam – und wäre vielleicht verhungert.

„Aber ich bin hier und habe ein Mitspracherecht. Eine Sache ist, dass Sie Bergstroms Anteil bekommen werden. Es ist mir scheißegal, wo der Arzt ins Spiel kommt. Wenn er das Mädchen heiratet, wird er „Ich gebe ihr zwanzig Aktien, ennyway . Obwohl er sie noch nicht geheiratet hat . Und ich bin noch nicht mit Simms fertig", fügte er mit einem Nachdruck hinzu, der ein wenig grimmig war, dachte Rainey.

„Die Besatzung, Jäger und Seeleute, scheint nicht allzu erfreut zu sein, mich wiederzusehen", fuhr Lund fort. „ Vielleicht dachten sie , ihre Anteile müssten größer sein. Vielleicht hat mich der Arzt verarscht . Der Rest von ihnen scheint mir, Rainey. Der Doktor will der Big Boss an Bord dieses Schoners sein. Er hat den Skipper im Stich gelassen. Aber nicht ich, nicht im Geringsten."

Er schlug mit seiner großen Faust so heftig gegen die Seite der Koje, dass es schien, als würde die Kabine erschüttert. Der Schlag war typisch für den Mann, entschied Rainey. Für Lund empfand er nicht gerade Sympathie, sondern eine Anziehungskraft, eine gewisse zwanghafte Bewunderung. Der Riese war elementar, mit einer treibenden Kraft in ihm, die dynamisch und magnetisch war. Was für ein großartiger Pirat er gewesen wäre, dachte Rainey, als er seine großartigen Proportionen betrachtete und über die groben Philosophien nachdachte, die in seinem Vortrag zum Vorschein kamen.

„Ich bin wegen der Beute im Leben, Rainey", erklärte Lund. „Essen und Trinken, um meine Zunge zu kitzeln und meinen Bauch zu füllen, die Frau, die ich gerade will, und die in der Lage ist, alles zu kaufen , worauf ich Lust habe. Die Antwort darauf ist Gold. Damit kann man den meisten Neid kaufen." Nicht alle Frauen , das gebe ich zu. Nicht die Art von Frau, die ich mir als festen Partner wünschen würde. Das ist eine Sache, die ich, wie ich herausgefunden habe, nicht kaufen kann, mein Sohn, die Ehre einer guten Frau . Das ist die Art von Frau , nach der ich suche .

„Ich schätze, da ziehst du die Augenbrauen hoch?" er forderte Rainey heraus. „Aber die andere Art, die wird sich verkaufen , wird dir den Scherz genauso schnell verkaufen – und zwar schneller. Ich würde hüfttief durch das Höllenfeuer waten, um die richtige Art zu finden – und sie festzuhalten. Und Ich werde alles tun, um das zu ergattern, was mir an Glück in den Weg kommt, oder ich werde stehend untergehen und es versuchen . Das ist mein Gold, und ich werde damit klarkommen. Wenn jemand versucht , zu swizzlen Ich werde mich da rausholen , und darauf kannst du dich verlassen. Nicht zu vergessen , wer zu mir steht."

Zwischen Lund und Simms herrschte eine Art bewaffneter Waffenstillstand. Es wurde kein offener Hinweis auf die Desertion von Lund auf der Scholle gegeben. Aber Rainey wusste, dass es Lund beschäftigte. Die fünf, Peggy Simms, ihr Vater, Carlsen, Lund und Rainey, spielten angeblich zusammen, aber Raineys Pflichten hielten ihn im Allgemeinen an Deck, bis Carlsen seine eigene Mahlzeit ausreichend aufgegessen hatte, um ihn abzulösen. Zu diesem Zeitpunkt hatten das Mädchen und der Kapitän den Tisch verlassen.

Lund wartete stets auf Rainey. Tamada hielt das Essen für sie warm. Und servierte sie, wobei Lund geschickt mit Löffel oder Gabel und einem Stück Brot spielte und die Japaner seine Speisen praktischerweise vorher schnitten.

Für Rainey schien Tamada der am härtesten arbeitende Mann an Bord des Schiffes zu sein. Er hatte drei Suppen zu kochen und war von morgens bis abends fleißig, tüchtig, unermüdlich und ausgeglichen. Obwohl die Besatzung seine Fähigkeiten anerkannte, bestand sie aus gebürtigen oder adoptierten Kaliforniern, und die rassistischen Vorurteile gegenüber den Japanern waren offensichtlich.

Auf eine Woche mit gutem Wind folgte schmutziges Wetter. Die *Karluk* erwies sich als gute Jägerin, auch wenn ihr Vorankommen durch Gegenwind und See erheblich eingeschränkt wurde und die Beharrlichkeit und der zunehmende Widerstand des Sturms eine entsprechende Wirkung auf Kapitän Simms zu haben schienen.

Er wurde von Tag zu Tag gereizter und mürrischer, selbst seiner Tochter gegenüber. Nur der Arzt schien in der Lage zu sein, auf lockerem Wege mit ihm auszukommen, und Rainey bemerkte, dass der Kapitän Carlsen gegenüber versöhnlich wirkte, sogar bis hin zur Ehrerbietung.

Peggy Simms beobachtete ihren Vater mit besorgten Augen. Das merkwürdige, trübe Aussehen seiner gebräunten Haut wuchs, bis das Fleisch dauerhaft trocken und von erdiger Farbe schien; Seine Lippen öffneten sich, und mehr als einmal zitterte er, als hätte er einen Schauder.

Am elften Ausflugstag ging Rainey mitten am Nachmittag hinunter, um seine Seestiefel zu holen. Der Sturm hatte sich plötzlich verstärkt, und unter den Riffen krängte die *Karluk* weit, bis die zischenden Wellen die Speigatten überschwemmten und bis an die Leereling reichten. In der Hauptkabine saß Simms auf einem Stuhl, seine Tochter beugte sich über ihn und sprach mit rauer, klagender Stimme auf sie ein.

„Nein, du kannst nichts für mich tun", sagte er. „Es ist dieser Ischias. Ich muss Carlsen holen."

Als Rainey in seine eigene kleine Kabine ging, bemerkte ihn keiner von ihnen, aber er sah, dass der Kapitän zitterte und seine Hände fast krampfhaft auf der Tischdecke herumzupften.

„Wo ist Carlsen, verfluche ihn!" Rainey hörte es durch die Trennwand seiner Kabine. „ Sag ihm, dass ich das nicht länger ertragen kann. Er muss mir helfen. Muss. *Muss.* "

Als Rainey auftauchte und schwerfällig in seinen Stiefeln ging, blickte das Mädchen auf. Ihr Vater saß zusammengesunken in seinem Stuhl, das Gesicht in den verschränkten Armen vergraben. Das Mädchen warf ihm einen zweifelnden Blick zu, offenbar unsicher, ob sie selbst Carlsen suchen oder bei ihrem Vater bleiben sollte.

„Kann ich etwas tun, Miss Simms? Ihr Vater scheint ziemlich krank zu sein."

Dass das Mädchen zögerte, überhaupt mit ihm zu sprechen, war für Rainey deutlich zu erkennen. Plötzlich warf sie ihr Kinn hoch.

„Bitte suchen Sie Doktor Carlsen", befahl sie, anstatt ihn darum zu bitten. „Bitte ihn, so schnell wie möglich zu kommen. Ich –" Sie wandte sich unsicher an ihren Vater.

„Kann ich Ihnen helfen, ihn in die Kabine zu bringen?" fragte Rainey.

Sie dankte ihm mit den Lippen, nicht mit den Augen, und er half ihr, den fast hilflosen Mann in sein Zimmer und seine Koje zu bringen. Er war wie ein vollgestopfter Sack zwischen ihnen, nur dass sein Körper zuckte. Während Rainey den Großteil des Gewichts auf sich nahm, staunte er über die Kraft des schlanken Mädchens und die Art und Weise, wie sie es anwendete. Simms schien ohnmächtig geworden zu sein, am Rande der Bewusstlosigkeit oder sogar des völligen Zusammenbruchs. Rainey fühlte sein Handgelenk und der Puls war kaum wahrnehmbar.

„Ich werde sofort den Arzt holen", sagte er.

Sie nickte ihm zu und rieb die Hände ihres Vaters, ihr eigenes Gesicht war blass und ein Ausdruck ängstlicher Angst in ihren Augen.

„Mächtig komische Art von Ischias", sagte Rainey zu sich selbst, als er vorwärts eilte. Er wusste, wo Carlsen war, im gemütlichen Quartier der Jäger, und Poker spielte. Mit den Chips, die vor ihm lagen, hatte er stark gewonnen.

„Der Kapitän ist krank", sagte Rainey. „Kein Puls. Fast bewusstlos."

Carlsen zog die Augenbrauen hoch.

„Ich wusste nicht, dass Sie Arzt sind", sagte er. „Nur einer seiner Zaubersprüche. Ich werde diese Hand zu Ende bringen. Zu gut, um sich hinzulegen. Der Kapitän kann einmal warten."

Die Jäger grinsten, als Carlsen sich die Zeit nahm, seine Karten zu ziehen, seine Einsätze zu tätigen und schließlich den Pot mit drei Damen zu gewinnen.

„Ich frage mich, was dein wahres Spiel ist?" fragte sich Rainey, während er so tat, als würde er sich das Stück ansehen. Seiner eigenen Aussage zufolge vernachlässigte Carlsen bewusst den Vater des Mädchens, das er heiraten sollte, und verachtete gleichzeitig den Kapitän gegenüber seinen eigenen Männern. Carlsen zog seine Chips ein und notierte gemächlich den Betrag.

„Es ist noch eine ganze Weile bis zur Eingewöhnungszeit", sagte er zu den Spielern. „Vielleicht dreht sich das Glück schon vorher um, Jungs. Alles klar, Rainey, du brauchst nicht zu warten."

Rainey ignorierte das ausgelassene „Mister". Er genoss den Respekt der Matrosen, da er sein Können unter Beweis gestellt hatte, aber er wusste, dass die Jäger ihn mit einer amüsierten Toleranz betrachteten, der es an Respektlosigkeit bei weitem mangelte. Für sie war er nur der Amateursegler. Rainey glaubte, dass der Arzt zu dieser Einstellung beigetragen hatte, und das minderte seine Punktzahl gegen Carlsen nicht.

Der Kapitän erschien weder an diesem noch am nächsten oder übernächsten Tag. Die Männer begannen einander mit den Augen zu verdrehen, als sie nach seinem Gesundheitszustand fragten. Carlsen behielt seinen eigenen Rat, und Peggy Simms verbrachte die meiste Zeit in der Hauptkabine, wobei ihr Blick immer zur Tür ihres Vaters wanderte. Rainey bemerkte, dass Tamada dem kranken Mann kein Essen brachte. Carlsen war offensichtlich der Kontrolleur des Schoners. Lund spürte dies schnell.

„Wir müssen das Spiel von Carlsen blockieren", sagte er zu Rainey. „Irgendwo im Holzhaufen liegt ein Nigger, und du und ich müssen ihn finden, Kumpel , bevor wir die Beringstraße erreichen, sonst beenden wir diese Reise und hocken auf den Felsen eines der Four-Mountain-Islands-Inseln " blickt die Möwen an.

„Ich wünschte, du würdest diesem Japaner unter die Haut gehen. Es hat keinen Sinn, sich mit der Mannschaft oder den Jägern anzufreunden. Sie sind gegen uns beide – zumindest die Jäger. Die Hände nicht." zählen. Sie sind nur reines Haschisch.

Lund sprach mit einer absoluten Verachtung gegenüber den Seeleuten, die typisch für diesen Mann war.

„Glauben Sie, dass man auf diese Weise einen Blinden an Land bringen würde?" fragte Rainey.

„Carlsen würde es tun. In einer Minute . Er würde argumentieren , dass du auf mich aufpassen solltest , da wir Freunde sind. Was dich betrifft, du bist nützlich , aber du kannst nicht navigieren, und du" Ich habe geholfen, Hansen für seine frühere Arbeit auszubilden. Du warst am Anfang im Weg, und er würde dich genauso schnell von diesem Weg trennen wie jeden anderen . Er hat nicht die Absicht, dass du Bergstroms Anteil bekommst, und zwar ansatzweise. "

Lund grinste, während er sprach, und Rainey spürte, wie ihm ein leichter Schauer eine Gänsehaut am ganzen Körper verursachte. Es war nicht gerade Angst, aber –

„Sie betrachten uns beide nicht als *Maskottchen* ", fuhr Lund fort. „Aber um auf diesen Japaner zurückzukommen. Vorgewarnt ist gewappnet. Er ist nicht besonders beliebt, aber sie haben sich daran gewöhnt, dass er mit ihrem Essen hin und her geht , und sie verachten ihn irgendwie eine Zeit lang gelbhäutiger Kuli.

„Jetzt Tamada ist kein Kumpel. Ich kenne Japaner. Er ist seinem Job um Längen überlegen. Kocht gut genug, um es bei Bedarf an Land zu grillen. Und auf dieser Tamada ist nicht viel los Das ist nicht klug. Sehen Sie, ob Sie nicht neben ihn kommen können. Trubble ist, dass er zu neutral ist. Er weiß, dass er in Sicherheit ist, weil er ein verdammt guter Koch ist. Aber er weiß, was Carlsen vorhat .

„Carlsen interessiert sich nicht für Mann, Frau, Gott oder den Teufel. Ich auch nicht", schloss er. „Und ich habe noch ein oder zwei Karten im Ärmel. Aber ich würde auf jeden Fall gerne mal einen Blick darauf werfen, was der Arzt vorhat ."

Der Sturm ließ nach, und es stellte sich eine Zeit angenehmen Wetters ein. Die *Karluk* glitt dahin und erreichte eine ordentliche Geschwindigkeit, bei der ein weniger gut konstruiertes Schiff auf fast gleichmäßigem Kiel kaum einen Steuerweg gefunden hätte. Simms war immer noch in seiner Kabine eingesperrt, obwohl seine Tochter ihn jetzt gelegentlich auf einem Tablett mitnahm.

Abgesehen von den Beobachtungen und den Einzelheiten der Navigation überließ Carlsen den Schoner Rainey. Sie waren ein gutes Stück vor der Küste, außerhalb des Nebels, offenbar allein auf dem einsamen Ozean, der glitzernd bis zum fernen Horizont reichte. Es war warm, es gab wenig zu tun, die Matrosen und auch die Jäger verbrachten die meiste Zeit faulenzend an Deck.

Abgesehen von den Mahlzeiten vernachlässigte Carlsen das Mädchen, das sich ihrem Vater ergeben hatte, obwohl er sich als anerkannter Liebhaber erwiesen hatte. Dennoch ging sie selten in ihre Kabine, blieb dort nie lange, und die Zeit musste schwer an ihren Händen gehangen haben. Ein Mädchen ihres Geistes muss sich über eine solche Behandlung geärgert haben, dachte Rainey, erinnerte sich aber daran, dass es ihn nichts anging.

Lund hing rauchend über der Reling oder ging auf dem Deck auf und ab, immer in Raineys Nähe. Die Art und Weise, wie er sich auf dem Schiff bewegte, war fast unheimlich. Abgesehen davon, dass seine Arme im Allgemeinen vor ihm waren, wenn er sich bewegte, seine Hände mit ihrer wolligen Bedeckung aus rotem Haar leicht den Baum, das Seil oder die Reling berührten, zeigte er kein Zögern und machte keine Fehler.

Er schlurfte nicht mehr hin und her, wie er es an Land getan hatte, sondern bewegte sich mit pantherähnlicher Geschicklichkeit hin und her, wann immer er wollte. Wenn die Brise stetig wehte, übernahm er sogar das Steuer und steuerte perfekt, indem er das „Gefühl des Windes" auf seiner Wange, das Klatschen des Windes in der Plane oder das Knarren der Takelage verriet, ob er den Kurs einhielt . Und es bereitete ihm eine fast kindliche Freude, seine Fähigkeiten als Steuermann zu verkünden.

Die Ausleger waren vor dem Hin- und Herschwingen von Rissen und dem Rollen des Meeres geschützt, und Lund schritt hinter Rainey, der das Steuer hatte, auf und ab. Die Jäger gruppierten sich um Carlsen, der ihnen, auf dem Oberlicht sitzend, etwas erzählte, worüber sie in regelmäßigen Abständen lachten.

„ Spinnen wir ihnen ein paar seiner schmutzigen Garne", knurrte Lund und hielt in seinem Spaziergang inne. „Schlecht für die Disziplin, und schlecht für uns. Er gehört zu den Vögeln mit den feinen Federn, die diesen Kerlen an Land keinen ersten Blick gewähren würden. Sich auf diese Weise mit ihnen in Verbindung zu setzen , ist ein schlechter Ochse. Du kommst damit nicht zurecht." Ein Mann, aus dem man einen Kumpel macht, auch wenn er nicht Ihren Rang hat.

„Carlsen ist locker, aber er ist ein guter Seemann", sagte Rainey beiläufig.

„Ein verdammt besserer Seemann als ein Arzt", entgegnete Lund. „Hören Sie ihn neulich Morgen , als ich ihn fragte, ob er mir etwas gegen meine Augenschmerzen geben könnte ? ‚Ich bin kein Augenarzt', sagte er. ‚Versuchen Sie es mit Borsäure, mein Mann.' ' Ich würde mir nichts in die Augen stecken, *was er* mir geben würde, darauf können Sie vertrauen. Er würde mir Gift geben, wenn er glaubte, ich würde es benutzen. Ich würde nicht zulassen, dass er eine meiner kranken Katzen behandelte . Er ist der Typ Arzt, der seinen Titel nutzt, um sich Privilegien bei der Schwangerschaft zu verschaffen. Ich kenne seinen Typ."

Rainey fragte sich, warum Lund Carlsen um eine Lotion gebeten hatte, wenn er sie nicht verwenden wollte, aber er provozierte keinen weiteren Streit. Lund machte weiter.

„Er tut dem Skipper keinen Gefallen , das ist sicher."

„Captain Simms scheint an ihn zu glauben", antwortete Rainey. Er fragte sich, wie viel von Carlsens zunehmender Dominanz über den Kapitän Lund bemerkt hatte.

„Simms ist Carlsens Hund!" explodierte Lund. „Der Arzt hat etwas gegen ihn, merken Sie sich das. Carlsen ist ein schlechtes Ei, und wenn er schlüpft, werden Sie einen Bussard sehen. Und Sie warten, bis er als Arzt für etwas gebraucht wird , das mehr braucht." ein paar nette Worte oder eine Flasche auslecken.

Unter den Jägern herrschte Aufregung. Lund richtete seine Brillenaugen in ihre Richtung.

„Was haben sie jetzt vor?" fragte er. „ Gehst du Poker spielen? Ich wünschte, ich hätte meine Augen. Ich würde ihnen zeigen , wie man die Pips liest."

Hansen kam nach hinten und bot an, das Steuer zu übernehmen.

„Sie verbieten es , auf Ziele zu schießen ", sagte er. „ Meester Carlsen , er hat Preise ausgelobt. Für ein Gewehr und eine Schrotflinte. Ich dachte, Sie könnten es sich vielleicht ansehen, Sir."

Rainey gab die Speichen ab und ging mit Lund zur Steuerbordreling, beobachtete die Vorbereitungen zwischen Vorder- und Hauptmasten für den Wettbewerb und erzählte Lund, was los war. Carlsen verteilte einige Schrotpatronen aus Pappkartons, zwölf an jeden der sechs Jäger.

„Jäger bezahlen ihre eigenen Granaten", sagte Lund. „Aber sie kaufen sie vom Schiff. Kumpel ist nett . Normalerweise haben sie ein paar Patronen für die Gewehre zur Hand, aber die Papierhülsen der Schrotpatronen saugen die Feuchtigkeit auf und sie bleiben besser im Magazin in der Kabine. Was? Sie schießen auf? Flaschen?

Sandy, der Hilfsarbeiter, war requiriert worden, um leere Flaschen zu werfen, und diejenigen, die es nicht geschafft hatten, verfluchten ihn als schlechten Werfer. Ein Jäger namens Deming machte keine Fehler und sicherte sich den ersten Preis von zehn Dollar in Gold, gefolgt von einem Mann namens Beale, der zwei Treffer erzielte und die Hälfte dieses Betrags von Carlsen erhielt.

Dann kam der Test mit den Gewehren. Die Waffen waren alle vom gleichen Kaliber, gut geölt und in einwandfreiem Zustand. Wie Lund gesagt hatte, hatte jeder der Jäger ein paar Patronen in seinem Besitz, aber ihnen fehlten die insgesamt sechs Dutzend bei weitem.

Carlsen ging nach unten, um die nötige Munition zu holen, während das Ziel fertiggestellt und aufgestellt wurde. Ein Fass war mit einem Gewicht ausgestattet, um es aufrecht zu halten, und auf einem kurzen Holm an einem Ende des Fasses war eine weiß gestrichene Blechdose angebracht. An einem Zaumzeug war eine leichte Leine befestigt, und die Markierung senkte sich über das Heck, wo sie im Kielwasser des Schoners schaukelte, dreißig Klafter von der Heckreling entfernt, wo sich die Menge versammelte.

Als Carlsen zurückkehrte, befahl er Hansen, gut zu steuern. Er gab jedem Teilnehmer ein Zeitlimit von zehn Sekunden für sein Ziel und steuerte damit ein Element des Zufalls bei, das den Wettkampf sportlich machte. Ohne die Zählung hätte jeder bewusst auf den günstigsten Moment gewartet, wenn der Schoner in der Mulde hing und die weiße Kanne von grünem Wasser umgeben war. So wie es war, hinterließ es alles andere als leichte Spuren, rutschte, schwankte, senkte sich, während der *Karluk* eine Welle hinabrutschte oder auf eine frische Welle traf, wobei die Dose oft vor den Schaumklumpen verschwommen war.

Es trafen mehr Kugeln das Fass als die Dose, und Carlsen wurde oft als Schiedsrichter herangezogen. Aber das Blech wurde nach und nach an der Stelle, an der die Raketen mit Stahlmantel durchschlugen, rissig und fleckig. Beale und Deming hatten beide fünf saubere, unangefochtene Treffer und sicherten sich damit den ersten Preis. Beale bot an, es mit jeweils sechs weiteren Granaten abzuschießen, und Deming stimmte zu.

„Das geht nicht", erklärte Carlsen. „Jedenfalls nicht im Moment. Ich habe die letzte Patrone ausgegeben, die im Magazin war. Falls noch welche übrig sind, hat der Kapitän sie verstaut, und ich kann ihn nicht stören."

„ Verdammt komisch", sagte Deming, „ein Versiegeler, der eine Scheu vor Patronen hat! Zum Glück sind wir das nicht." Ich mache mir Sorgen um diese Art von Ladung.

„Wahrscheinlich sind irgendwo genug an Bord", sagte Carlsen, „aber ich weiß nicht, wo sie sind. Tut mir leid, dass ich die Schießerei abbrechen muss. Ihr Jungs habt mich mit Gewehren und Schrotflinten geschlagen", fuhr er fort und holte aus seiner Gesäßtasche a hervor flache, wirkungsvoll wirkende Automatikpistole schweren Kalibers. „Wie geht es dir mit Kleinwaffen?"

Die Jäger schüttelten zweifelnd den Kopf.

„Benutze sie niemals ", sagte Deming. „Mit dieser Art konnte ich jedenfalls nie viel anfangen . Gib mir einen Revolver, und ich könnte versuchen, einen Wal zu treffen, wenn er nahe genug wäre, aber nicht mit einem von ihnen."

„Kein großer Unterschied", sagte Carlsen. „Hat einer von euch Revolver?"

Niemand sprach. Es verstieß gegen die ungeschriebenen Gesetze eines Schiffes, Pistolen vor der Hauptkabine zu besitzen. Für den Rest antwortete Beale schließlich.

„Keine Pistole, Sir.“

„Dann“, sagte Carlsen, „werde ich dir selbst eine Ausstellung geben. Sind noch Flaschen übrig? Beale, wirfst du sie für mich weg?“

Es gab acht Schüsse in die Automatik, und Carlsen zerschmetterte sieben Flaschen in der Luft. Den letzten verfehlte er, konnte sich aber wieder befreien, indem er ihn zerbrach, als er ins Kielwasser tauchte. Die Jäger riefen ihre Anerkennung aus.

„Alle kaputtmachen ? “ Lund fragte Rainey. „ Enny sind überhaupt noch Flaschen übrig?“

Er ging zur Heckreling und wandte sich an Carlsen.

„Können Sie sowohl auf *Ton* als auch auf Sicht schießen, Doc?“ er forderte heraus.

„Das glaube ich nicht“, sagte Carlsen.

„Wenn ich meine Augen hätte , würde ich dich für hundert Dollar fotografieren“, sagte Lund. „So wie es ist, könnte ich ein oder zwei ins Visier nehmen. Rainey, lassen Sie jemanden kopfüber eine Linie entlangziehen und eine Flasche darauf befestigen, ja? Ich habe keine eigene Waffe, Doc, „Er fuhr fort: „Wirst du mir deines leihen?“ Carlsen füllte sein Magazin und Lund drehte sich zu Rainey um, der die Zielscheibe manipulierte.

„Ich möchte, dass du mit einem Stock darauf klopfst“, sagte er. „ Der Stab der Signalflagge wird gut zurechtkommen.“

Rainey holte den schlanken Bambus und stand daneben. Lund tastete nach der Schnur, fuhr mit den Fingern über die hängende Flasche, trat fünf Schritte zurück und hob die Automatik, um zu prüfen, ob sie im Gleichgewicht war.

„Ruther hat meine eigene Waffe“, murmelte er. „Okay, bring sie zur Besinnung, Rainey.“

Rainey klopfte der Flasche auf den Hals, und sie gab ein leises Klirren von sich, das jedoch sofort im Krachen des splitternden Glases unterging, als die Flasche, als sie heftig gegen das zerrissene Etikett traf, in zwei Hälften zerbrach.

"Wie viel ist übrig?" fragte Lund. „Halb? Tetch it up.“

Wieder feuerte er, und wieder traf die Kugel ihr Ziel, so dass nur noch der Flaschenhals hängen blieb. Lund grinste.

„ Das ist alles“, sagte er. „ Jest wollte dir zeigen, was ein Blinder tun kann, wenn er dazu gezwungen wird.“

Es gab wenig Applaus. Carlsen nahm schweigend seine Waffe, ging mit den Jägern und den Zuschauern weiter und verschwand unten. Rainey übernahm das Steuer von Hansen und befahl ihm, wieder vorwärts zu fahren.

„Ich habe ihnen etwas gegeben, worüber sie reden können", kicherte Lund. „Carlsen wollte seine tollen Schießereien vorführen . Wal, ich habe ihnen gezeigt, dass ich nicht ganz am Ende bin, wenn ich es nicht bin." Tragen Sie Lichter. Und dabei habe ich Carlsen mehr als nur einen Fehler gemacht.

Rainey verstand nicht, was er meinte, und sagte nichts.

„Bist du mit dem Stück über die Muscheln vertraut geworden?" fragte Lund. „Ein schlauer Trick, obwohl Deming fast gestürzt wäre. Carlsen hat diese dummen Jäger dazu gebracht, jede Patrone abzufeuern, die sie zufällig vor sich hatten . Wenn das Magazin leer ist, wette ich, dass Carlsen weiß, wo sie noch viele Patronen haben, falls überhaupt Ich brauchte sie dringend. Aber jetzt nützen diese Gewehre und Schrotflinten nicht mehr als so viele Keulen – *nicht für die Jäger* . Und er hat herausgefunden, dass es keine tollen Pistolen gibt . *Er* hat eine und zeigt sie ihnen wie gerade er schießt, nur für den Fall, dass es Neid geben sollte Streit zwischen ihnen . Spielt beide Enden in die Mitte, tut Carlsen. Glatt! Aber er hat den Pot nicht gewonnen. Sie sind ein Joker in diesem Spiel. Vielleicht hält er es, vielleicht auch nicht.

Er nickte geheimnisvoll, sehr zufrieden mit sich.

„Glaubst du nicht, dass *du* eine Waffe mitgebracht hast?" fragte er Rainey. „Könnte nützlich sein."

„Ich hatte nicht damit gerechnet, zu bleiben", antwortete Rainey trocken, „sonst hätte ich es vielleicht getan."

Lund lachte herzlich und schlug sich aufs Bein.

„Das ist eine gute Sache", erklärte er. „Aber es wäre eine gute Idee gewesen . Es lohnt sich auf jeden Fall, auf Fersen zu gehen, wenn man mit Fremden reist."

KAPITEL IV

DER BOGENKOPF

Kapitän Simms erschien erneut in der Kabine und an Deck, aber er war nicht mehr derselbe Mann. Seine Krankheit schien ihn für immer dessen beraubt zu haben, was ihm von der Quelle der Männlichkeit geblieben war. Es war, als wären seine Säfte aus seinen Venen, Arterien und Geweben gesaugt worden, was ihn im Vergleich zu seinem früheren Selbst schlaff und unentschlossen zurückließ. So wie Lund Rainey beschattete, so beschattete Simms Carlsen.

Das schöne Wetter verschwand, erlosch innerhalb einer Stunde, und Tag für Tag stürzte sich die *Karluk* in die spöttischen Wellen, die ihren Bug mit Schlägen erschütterten, die wie der Lärm einer Riesentrommel klangen. Die Sonne wurde nie gesehen. Tagsüber kämpfte der Schoner in einem gespenstischen, violetten Zwielicht mit den Elementen, hob sich unter doppelten Riffen über große Wellen, die schäumende Wellenkämme aufwirbelten, die ihn überwältigten, und wurde zischend und dröhnend nach unten geritten, wobei er eine Reling vergrub und das Deck bis zu den Luken bedeckte mit hefigem Aufruhr.

Die *Karluk* griffen die hartnäckige Heftigkeit des Sturms an, rollten von einer Seite zur anderen, schnitten durch die See, kamen ein wenig voran, verloren an Spielraum, kämpften, kämpften, während jeder Fuß Holz, jeder Faden Seil ständig ächzte und knarrte, aber standhielt .

Für Rainey löste dieser hartnäckige Kampf – als er selbst den Schoner kontrollierte, die Beine weit auseinander, sein Ölzeug tropfte, seine Füße bis zu den Knöcheln überschwemmt waren, der Schaum ihn durchnässte und peitschte, der Wind eine Peitsche – Jubel und ein Gefühl der Meisterschaft und des Selbstvertrauens aus wie er es noch nie zuvor gedacht hatte. Das Schiff zu führen, ständig das Meer und den Wind abzuwehren, die Turbulenzen abzuwehren, den Bug zu schlagen und zu rennen und zu kontern, gegen das Ruder zu schlagen, immer wie ein Rudel kläffender Hunde zu springen – das war etwas, das aus den Tagen seiner Uferpromenade stammte Detail weit zurück.

Und dann hatte er geglaubt, er befände sich im Strudel der Dinge! Auch wenn es mit Simms bergab zu gehen schien, hatte Rainey das Gefühl, dass er wieder zu voller Kraft und Gesundheit gelangte.

Lund war immer bei ihm. Manchmal kam das Mädchen in ihrer eigenen Regenkleidung an Deck und stellte sich an die Reling, um den Sturm zu beobachten, was für die beiden stumm war. Und bald kam Carlsen von unten oder von vorne und stand da, um mit ihr zu reden, bis sie genug vom Deck hatte.

Sie schienen kein großes Liebespaar zu sein, dachte Rainey. Es fehlten ihnen die kleinen Intimitäten, die er, obwohl er sich am Steuer wie ein Automat verhielt, nicht übersehen konnte. Wenn das Mädchen ausrutschte, fing Carlsens Hand sie am Arm und hielt sie fest; Gehen Sie niemals um ihre Taille herum. Und als der Arzt zu ihr kam, war in ihrem Gesicht kein besonders willkommener Ausdruck zu erkennen.

Carlsen übernahm selten das Steuer. Rainey leistete mehr als seinen Teil aus reiner Liebe zur Kontrolle. Doch eines Tages kamen Carlsen und sie auf ein Wort des Mädchens zu Rainey, der die Speichen in der Hand hielt.

„Ich werde eine Weile das Steuer übernehmen, Rainey", sagte der Arzt.

Rainey gab es auf und ging mittschiffs. Aus dem Augenwinkel konnte er sehen, dass das Mädchen darum bat, das Schiff zu steuern, und dass Carlsen ihr dies überlassen würde.

Rainey zuckte mit den Schultern. Es war Carlsens Risiko. Bei diesem Wetter war es kein Kinderspiel, richtig zu steuern. Die *Karluk* mit ihrer schmalen Breite war in diesen Wellen geschmeidig und aktiv wie eine Raubkatze. Es erforderte nicht nur Kraft, sondern auch Wachsamkeit und Erfahrung, um im Trubel der Meere den Kurs zu halten.

Lund, dessen Stimmenerkennung perfekt war, bewegte sich mittschiffs, sobald Carlsen und Peggy Simms achtern kamen. Es gab keinen Versuch, die Tatsache zu verschleiern, dass es sich bei dem hinteren Schoner um eine gespaltene Kompanie handelte, und abgesehen von der Tatsache, dass seine Blindheit das Geschehen milderte, wäre die Art und Weise, wie Lund ihnen den Rücken gezeigt und absichtlich davongegangen wäre, eine absichtliche Beleidigung gewesen.

Nicht für das Mädchen, dachte Rainey. Anfangs hatte er Lunds Charakter als vergleichsweise einfach – und brutal – angesehen , aber er hatte dies unbewusst relativiert, und er hatte das Gefühl, dass Lund niemals eine Frau – egal welche Art von Frau – absichtlich beleidigen würde. Er begann mehr als nur Bewunderung für Lunds Stärke zu empfinden; Fast gegen seinen Willen begann sich eine Vorliebe für den Mann selbst durchzusetzen.

Sie standen zusammen an der Wetterreling. Es war immer noch Raineys Deckswache, und Carlsen konnte ihm das Steuer jederzeit wieder überlassen, sobald das Mädchen müde wurde. Plötzlich erklangen Rufe von vorn, ein Durcheinander, undeutlich gegen den aufziehenden Wind. Sandy, der Hilfsarbeiter, rannte über das abschüssige Deck nach achtern, ergriff ungeschickt die Reling und das Seil, um sich zu stabilisieren, errötete vor Aufregung, fast hysterisch angesichts seiner Neuigkeiten.

„Ein Grönlandkopf, Sir!" er weinte, als er Rainey sah. „Und Mörder hinter ihm her !

Jenseits des Bugs konnte Rainey nichts von dem Wal sehen, das musste wohl aus Angst vor den Mördern gelautet haben, aber er sah ein halbes Dutzend Sense-ähnlicher schwarzer Flossen, die das Wasser in Schaumstreifen durchschnitten, alle nebeneinander, ihre hohen Rücken wedelnd, Wölfe des Meeres auf der Jagd nach dem Grauen Grönlandwal, um sein Maul aufzureißen und sich an der Köstlichkeit seiner lebenden Zunge zu erfreuen. Das sagte Lund ihm in kurzen Sätzen, während sie darauf warteten, dass der Wal auftauchte.

„ Haft mal vor, dass die Grönlandköpfe nicht einmal versuchen , es wegzukriegen", sagte Lund. „Leg dich oben drauf, mit dem Bauch nach oben, ganz von Angst erfüllt, während die Mörder sich selbst bedienen . Den Grönlandwalen , du Idiot , sind Stücke aus der Zunge gebissen worden. Wenn sie in Ufernähe sind, wenn die Mörder auftauchen, rutschen die Wale aus Weit draußen über den Felsen breitet sich ein „Strand" aus .

Rainey blickte nach hinten. Sandy hatte Carlsen und dem Mädchen seine Warnung überbracht und beugte sich nun knietief im Wasser über die Leereling, um etwas vom Kampf zu sehen. Peggy Simms' geschmeidige Gestalt neigte sich zur Seite, während auch sie nach vorn blickte, obwohl sie immer noch auf die Steuerung achtete und den Schoner gut hochhielt, ihr Gesicht strahlend vor Aufregung, nass von fliegender Salzlösung, und gelbe Haarsträhnen strömten frei im Wind unter dem festen Griff ihrer scharlachroten Tam-o'-shanter-Wollhaube. Carlsen zeigte auf die Rennflossen der Mörder.

„Bl-o- ows !" erklang die tiefe Stimme eines Ausgucks, von dem aus sich Matrosen und Jäger am Bug versammelt hatten, um diesem Gladiatorenkampf zwischen Seeungeheuern beizuwohnen, passend inszeniert in einem wild tobenden Meer. Rainey strengte seinen Blick an, um das dampfende Stigma und das Vorstehen des großen Kopfes zu erhaschen.

„ *Plötzlich !* " *Die tiefe Stimme hüpfte fast um eine Oktave in einem plötzlichen schrillen Schrillen der* Besorgnis. Andere Stimmen vermischten sich mit seinem bestürzten Aufschrei.

„Pass auf! Oh, pass auf! Direkt vor dir!"

Die enorme Masse des Wals war aufgetaucht, nicht um zu spucken, sondern mit dem Bauch nach oben auf der Oberfläche zu liegen, mit ausgebreiteten Flossen, gelähmt vor Schrecken, direkt im Lauf des *Karluk* , während er auf ihn zuging, nur auf ihre Blutgier bedacht, „Sprangen die Mörder an und stießen nach ihrem Kopf, als der Schoner herabsank. In dieser gewaltigen See würde der Aufprall mit Sicherheit bedeuten, dass etwas nach vorne gedrückt wird, vielleicht das Hochspringen eines Kolbens.

„Harter Wind!" schrie Rainey. „Rauf mit ihr! Rauf!"

Es war eher der Wunsch, seinen eigenen Gefühlen Luft zu machen, und nicht die Notwendigkeit, den Befehl zu erteilen, der Rainey dazu brachte, den Befehl zu brüllen, denn er konnte sehen, wie das Mädchen mit den Speichen kämpfte und Carlsen seine Kraft in die ihrige stecken ließ. Die Schoten waren gut geglättet, der Wind lag fast querab und es bestand keine Notwendigkeit, die Anordnung von Vorschiff und Großsegel zu ändern.

Vorwärts sprangen die Männer, um die Vorsegel zu bedienen. Der *Karluk* begann sich auf dem Kiel zu drehen, instinktiv reagierte er auf die sich ändernde Ruderebene. Aber die Wellen waren enorm hoch und der Wind wehte mit großer Kraft, das Wasser rollte in großen Bergen von kränklich grünlichem Grau, gekrönt von Schaum, der in gleichmäßigen Wellen wehte.

Als der Schoner in einer tiefen Mulde hing, schlug der Wind auf ihn ein und machte den Bug weiter. Als der Sturm plötzlich aus ihnen herausströmte, peitschten und zitterten die Marssegel, und das Vorsegel löste sich mit dem scharfen Knall eines Schusses und verschwand achtern im Dampf.

Rainey sah, wie eine gewaltige Woge aufstieg und sich krümmte, so hoch wie die Gaffel des Großsegels, so kam es ihm vor, als er die Windung der Großfalle ergriff. Tonnenweise Wasser stürzte auf das Deck herab, das sich unter der Wucht krümmte, und ergoss sich in einem großen Katarakt, der über das Deck schwappte.

Seine Füße wurden unter ihm weggefegt, für einen Moment schien es, als würde er horizontal im Bach schwingen und sich an den Fallen festklammern. Das Meer prallte mit einem Tosen auf die gegenüberliegende Reling, das drohte, es wegzureißen, es staute sich und brodelte dann über Bord.

KAPITEL V

RAINEY PUNKTET

Mit dabei war eine Figur. Rainey erblickte ein gespenstisches Gesicht, einen Mund, der in dem Tumult vergeblich um Hilfe schrie, und wurde sofort mit erstickender Salzlake verstopft, seine Pop-Augen flehten vor furchtbarem Schrecken, als Sandy in der Kaskade weggeschwemmt wurde. Die Fallen wurden mit einer Drehung und Drehung am Stift festgehalten, die Rainey schnell löste, die Spule heraushob, eine schnelle Schlaufe machte und Kopf und Arme hindurchschob, während er sich auf die Hetzjagd warf.

Noch während er abtauchte , hörte er das Brüllen von Lund und wusste instinktiv, dass der Schoner in Gefahr war, obwohl er nichts von dem Unfall wusste.

„Zurück zum Ausleger! Zurück, verdammt noch mal! Zurück –"

Dann kämpfte sich Rainey mit der Keule durch das Wasser, bis er einen hochgereckten Arm erblickte. Sandy trug Ölzeug und Seestiefel, er hatte kaum eine Chance, sich zu retten, egal wie geschickt er war. Und Rainey schoss durch den Kopf, dass der Junge, wie viele Seeleute, damit geprahlt hatte, er könne nicht schwimmen. Seine Stiefel würden ihn unter Wasser ziehen, sobald die Kraft der Wellen, die ihn von Kamm zu Kamm warfen, aufgehoben würde. Rainey selbst wurde von ihrem Vorstoß getragen, blockiert von seiner eigenen Ausrüstung und nur durch die Fallspule mit dem Leben verbunden.

Eine große Masse wälzte sich direkt vor ihm, der hilflose Körper des Grönlandwals, während die Killer in einem wahnsinnigen Handgemenge um seinen Kopf kämpften. Dann wurde eine Gestalt buchstäblich auf die glitschige Masse des Säugetiers geschleudert, dessen grauer Bauch deutlich in der Flut zu sehen war, ein lebendes Floß, gegen das die Wellen brachen und ihre Gischt warfen.

Sandy krallte verzweifelt nach der Basis der riesigen Brustflosse und klammerte sich mit wahnsinniger Kraft fest, wahnsinnig vor Angst. Rainey schlug sinnlos zu , außer, um sich zu stützen, geblendet von dem fliegenden Scud und den zerbrochenen Kämmen. Er spürte, wie er sich aufrichtete, kraftlos weiterschwebte und gegen den schleimigen Rumpf knallte, gerade nah genug an Sandy, um ihn am Halsband zu packen Der Wal, den ein Killer an seiner öligen Zunge gestochen hatte, schlug mit der Flosse um sich und die beiden glitten tief unter Wasser an seinem Körper hinab.

Rainey kämpfte gegen die Erstickungsgefahr und das heftige Verlangen, nach Luft zu schnappen und seine gequälten Lungen zu entlasten. Das Gewicht des Jungen schien ihn nach unten zu drücken, als wäre er ein Ding aus Blei, aber Rainey ließ seinen Griff nicht locker. Er konnte nicht. Er hatte seine ganze Energie auf den Wunsch konzentriert, Sandy zu retten, und seine Nervenzentren waren immer noch angespannt angesichts dieser letzten bewussten Forderung.

Es kam zu einem schnellen, schmerzhaften Zusammenziehen seiner Brust, das seine nachlassenden Sinne nur als das Ende der Dinge interpretierten. Dann tauchte sein Kopf in die gesegnete Luft auf und er schluckte, was er konnte, obwohl die Hälfte davon Wasser war.

Die *Karluk* stand im Wind, und sie befanden sich in dem kleinen Lee, das es gab, schleppten sich am Ende der Fallen nach achtern und wurden von den mächtigen Schleppern von Lund in Richtung der Reling gezogen, ein seltsamer Anblick für Raineys tränende Augen, als er sie erblickte Der Riese, mit unbedecktem rotem Haar, peitschendem Bart im Wind, noch aufgesetzter schwarzer Brille, machte aus ihm eine Art gesegnetes Monster.

Raineys linke Faust war an die Leine geschweißt, seine rechte steckte in Sandys Kragen, und Sandys Todesgriff hatte sich in Raineys Ölzeug gefesselt, obwohl der Junge schlaff war und sein Gesicht, durch den wässrigen Film, der darüber strömte, sichtbar war und weiß.

Ein Dutzend Arme schossen nach unten, um ihn zu packen. Er spürte den eisernen Griff von Lund an seinem linken Unterarm, der ihm fast den Arm aus der Gelenkpfanne riss, als er eingeholt , an Körper und Beinen erfasst und auf dem Deck des Schoners abgesetzt wurde, der fast augenblicklich begann, seinen früheren Kurs einzunehmen . Wieder hörte er das Brüllen des blinden Riesen, als wäre es eine Fortsetzung des Befehls gewesen, den er gebrüllt hatte, als er über Bord gegangen war.

„Zurück mit dem Fock zum Win'ard ! Zurück, ihr Tupfer !"

Diesmal kam der *Karluk geschickter zum Einsatz, schwang sich auf den Aufschwung einer Welle und raste mit immer größerer Geschwindigkeit davon.* Lund beugte sich über ihn und fragte ihn mit einer Notiz, die Rainey trotz seiner Erschöpfung als Ausdruck echter Besorgnis interpretierte:

„Wie ist es mit dir, Kumpel ? Bist du aufgesprungen?"

Rainey schaffte es, den Kopf zu schütteln, und erhob sich, unterstützt von Lunds astartigem Arm, auf die Beine, völlig außer Atem, geschüttelt und von den Schlägen und dem Aufprall gegen den Wal schmerzend.

"Guter Mann!" rief Lund, klopfte ihm auf die Schulter und hielt ihn hoch, während Rainey unter dem freundlichen Zuspruch fast zusammenbrach.

Sandy lag mit dem Gesicht nach unten, ein Jäger kniete über ihm, knetete seine Rippen zu einem Blasebalg und hob seinen Oberkörper im Takt des Drucks, während ein anderer seine schlaffen Arme auf und ab bewegte.

„Ich glaube, er ist weg", sagte Hansen. „Eine Wanne voll geschluckt."

„Das war großartig, Mr. Rainey! Wunderbar! Es war mutig von Ihnen!"

Peggy Simms stand vor Rainey und klammerte sich an die Stützen, ein anderes Mädchen als das, das er kannte. Ihre roten Lippen standen auseinander und ließen den reinen Glanz ihrer Zähne erkennen, über ihren glühenden Wangen funkelten ihre grauen Augen vor freundlicher Bewunderung, eine schlanke, nasse Hand streckte sie ihm eifrig entgegen.

„Warum", sagte Rainey in der Verlegenheit, die entsteht, wenn man weiß, dass man gute Arbeit geleistet hat, aber instinktiv versucht, Ehrungen abzulehnen, „ das hätte jeder getan. Ich war zufällig der Einzige, der es gesehen hat."

„Darüber bin ich mir nicht so sicher", antwortete das Mädchen, und Rainey schien, als würde sie verächtlich die Lippen kräuseln, als sie zu Carlsen am Steuer blickte. Doch Carlsen, so glaubte er, hatte jede Entschuldigung dafür, dass er den Versuch nicht unternommen hatte, da er damit beschäftigt war, dem Rad die nötige Kraft zu verleihen.

„Oh, es war nicht das, was er getan oder unterlassen hat", sagte das Mädchen, und dieses Mal war es nicht zu verkennen, dass sie ihre Stimme mit Verachtung betonte und dafür sorgte, dass sie Carlsen erreichen würde. „Er sagte, es lohnte sich nicht ."

Ihre Augen blitzten und dann versuchte sie sichtlich, sich zu beherrschen. „Aber es war sehr mutig von dir, und ich möchte dich um Verzeihung bitten", schloss sie, während die Röte ihrer Wangen ihr ganzes Gesicht überflutete, bevor sie sich abwandte und abrupt auf den Begleiter zuging.

Etwas verwirrt, die Berührung ihrer schlanken, aber starken Finger noch immer spürbar, setzte sich Rainey ans Steuer.

„Soll ich es übernehmen, Herr Carlsen?" er hat gefragt. „Das ist meine Uhr."

Carlsen musterte ihn kühl. Entweder tat er so, als hätte er die Anspielungen des Mädchens nicht gehört, oder es ging ihm nicht unter die Haut.

„Du solltest dir besser ein paar trockene Klamotten anziehen, Rainey", sagte er. „Und ich werde dir einen kräftigen Jorum Grog-Hot verschreiben. Lass dir Zeit dafür." Rainey spürte ein zerrissenes Gefühl in seiner Seite, eine wachsende Übelkeit und Schwäche, dankte ihm und nahm den Rat an. Eine halbe Stunde später fühlte er sich, abgesehen von einem allgemeinen Muskelkater, zu kräftig, um unten zu bleiben, und ging wieder an Deck. Sandy war nach vorne gebracht worden. Er begegnete dem Jäger Deming und erkundigte sich nach dem Hilfsarbeiter.

„Geboren, um gehängt zu werden", antwortete der Jäger freundlicher als je zuvor. „Sie haben es aus ihm herausgepumpt und seine eigene Pumpe zum Laufen gebracht . Er wird bald wieder fit wie ein Turnschuh sein. Ich frage nach dir."

„Ich werde ihn bald sehen", sagte Rainey und bot Carlsen erneut Erleichterung an, was der Arzt dieses Mal akzeptierte.

„Miss Simms hat mich missverstanden, Rainey", sagte er leichthin. „Meine Absicht war, dass Sandy in diesen Meeren niemals an der Spitze bleiben könnte und dass es müßig wäre, einen wertvollen Mann hinter einem so gut wie toten Lümmel herzuschicken. Wenn der Wal nicht gewesen wäre, hättest du es nie getan. " „hat ihn gelandet. Und die Mörder haben den Wal erwischt", fügte er mit seinem zynischen Grinsen hinzu.

Also hatte er es belauscht. Rainey fragte sich, ob das Mädchen die geänderte Erklärung akzeptieren würde, wenn sie angeboten würde. Im besten Fall war es gefühllos.

Als Hansen die Wache übernahm, ging Rainey nach unten zu Sandy. Lund war verschwunden, aber er fand den Riesen im dreieckigen Vorschiff neben Sandys Koje.

„Das bist du, Rainey?" fragte Lund, als er die Schritte des anderen hörte. Dann senkte er seine Stimme zu einem Flüstern:

„Der Junge ist dankbar. Machen Sie das Beste daraus. Wenn er etwas Verräterisches verraten will , lassen Sie alles weg."

Aber Sandy schien nichts anderes tun zu können, als verlegen zu grinsen. Er war halb betrunken von dem dampfenden Trank, der ihm aufgedrängt worden war.

„Wir sehen uns später, Mister Rainey", stammelte er schließlich. „Bis später, Sir. Sie – ich –"

Lund stieß Rainey plötzlich in die Rippen.

„Macht jetzt nichts", flüsterte er.

Ein Matrose war mit einer zusätzlichen Decke für Sandy, die aus der Jägermesse gespendet worden war, ins Vorschiff gekommen.

„Das ist in Ordnung, Sandy", sagte Rainey. „Versuchen Sie besser, etwas Schlaf zu bekommen."

Der Hilfsarbeiter war bereits abgestiegen. Der Seemann berührte seine Schläfe in einem altmodischen Gruß.

„Das war eine kluge Arbeit, die Sie gemacht haben, Sir", sagte er zu Rainey.

Letzterer ging mit Lund nach achtern durch die Jägerquartiere. Sie saßen unter der schwingenden Lampe, die im Dämmerlicht des Sturms angezündet worden war, und spielten wie üblich Poker. Aber alle legten ihre Karten nieder, als Rainey erschien.

„Gute Arbeit, Sir!" sagte einer von ihnen, und die anderen mischten sich mit Ausdrücken ein, die Raineys Herz erwärmten. Er hatte das Gefühl, seinen Weg in ihr Wohlwollen gefunden zu haben. Sie waren schließlich Menschen, dachte er.

ein bisschen bei uns vorbeischauen oder an einem Spiel mitwirken, Sir", fügte Deming hinzu.

Rainey entkam ein wenig verlegen und ging durch die Gasse, die am Anwesen des Kochs vorbeiführte, in die Haupthütte. Tamada war bei der Arbeit, richtete aber einen schrägen Blick auf Rainey, als sie an der offenen Tür vorbeikamen. Die Hauptkabine war leer.

„Komm in mein Zimmer", schlug Lund vor. "Ich will mit dir reden."

Er stopfte seine Pfeife und bot einen Drink an, bevor er sprach.

„Die beste Tagesarbeit, die du seit langem geleistet hast, Kumpel ", sagte er leise. „Nehmen Sie Demings Angebot an und mischen Sie sich unter die Jäger. Und machen Sie den Jungen fertig , Sandy. Bringen Sie ihn ins Schwitzen. Er wird fast so viel wissen wie Tamada , und es wird ihm leichter fallen, damit durchzukommen."

„Wovor hast du eigentlich Angst?" fragte Rainey.

Lund einfach, „ich habe vor nichts Angst. Aber sie sind auf irgendetwas vorbereitet , unter Carlsen. Wir werden Unalaska am nächsten Tag erobern . Wir hoffen , dass es der nächste ist." Und wir müssen wissen, was uns erwartet. Wussten Sie, dass der Skipper erneut eine schlimme Phase hinter sich hat?"

„Nein. Wann?"

„ Scherz vor ein paar Minuten . Ich weine um Carlsen wie ein Kind um seine Amme und seine Flasche. Der Arzt ist jetzt bei ihm. Und ich fange an zu ahnen, was mit ihm nicht stimmt. Hier ist etwas zum Kauen on: Innerhalb von achtundvierzig Stunden wird es an Bord dieser Nutte einen Aufruhr geben , und es liegt an mir und Ihnen, dafür zu sorgen, dass wir als Sieger hervorgehen. Wenn nicht –"

Er breitete seine Arme mit den großen, gorillaähnlichen Händen an ihren Enden aus, in einer Geste, die Worte verdrängte. Zweifellos erwartete Lund Ärger. Und Rainey begann zum ersten Mal zu spüren, dass es etwas Nahendes, Unheimliches, fast Greifbares war.

„Du kommst bei den Jägern vorbei und spielst abends eine kleine Partie Poker " , sagte Lund mit Nachdruck.

„Ich habe nicht viel Geld dabei", sagte Rainey.

„Geld, verdammt!" spottete Lund. „Sie spielen nicht um Geld. Sie spielen um Anteile am Gold. Sie haben den großen Betrag auf eine Million festgesetzt, wobei jeder Anteil zehntausend wert ist." Korrespondierend zu dem derzeitigen Stand der Dinge, das haben Sie Chips im Wert von vierzigtausend Dollar, mit denen man wetten kann. Stellen Sie es ihnen so vor. Ich schätze, sie werden es akzeptieren. Wenn sie es nicht tun , haben wir etwas gelernt. Und vergessen Sie das nicht neben Sandy.

Vieles davon war für Rainey rätselhaft, aber Lunds enorme Ernsthaftigkeit war unverkennbar, und Rainey war gebührend beeindruckt und versprach, seine Vorschläge in die Tat umzusetzen.

Als er die Hauptkabine durchquerte, um in sein eigenes Zimmer zu gehen, kam Carlsen aus dem Kapitänszimmer. Er sah Rainey zunächst nicht und summte leise vor sich hin, während er einen kleinen Artikel in seine Tasche steckte. Sein Gesicht war höhnisch. Dann sah er Rainey und sie verwandelte sich in eine Maske, die nichts verriet. Seine Melodie verstummte.

„Ich habe gehört, dass der Kapitän wieder krank ist", sagte Rainey. „Nicht ernst, hoffe ich."

Carlsen stand da und starrte ihn mit dem Blick einer Sphinx an, die Augen halb geschlossen, und das spöttische Licht war schwach zu erkennen.

„Ernsthaft? Ich fürchte, es ist diesmal ernst, Rainey. Ja", endete er langsam. „Ich neige dazu zu glauben, dass es wirklich ernst ist." Er wandte sich ab und klopfte an die Tür der Mädchenkabine. Als Antwort auf eine leise Antwort drehte er die Klinke und ging hinein, ließ Rainey allein.

KAPITEL VI

SANDY SPRICHT

Am nächsten Morgen ging Rainey zu Beginn der Vormittagswache um acht Glocken an Deck, um Hansen abzulösen, und fand Lund im Bug, als er vorwärts ging und darauf wartete, dass die Glocke läutete. Der Riese lehnte am Bugspriet, seine Brillenaugen schienen nach vorn in das Grau des Nordhimmels zu blicken, und Rainey kam es vor, als würde er den Wind riechen. Die Sonne schien hell genug, aber es fehlte ihr an Wärmekraft, und das Meer war untergegangen, obwohl es immer noch in großen, mattgrünen Wellen hoch strömte. Die Luft war beißend, und Rainey, frisch aus der warmen Hütte, wünschte, er hätte seinen Pullover mitgebracht.

Mit leichtem Schritt hörte der Riese ihn und erkannte ihn sofort.

„Wie habt ihr letzte Nacht mit den Jägern rumgemacht?" fragte er. „Ich habe früher abgegeben."

„Wir hatten eine ziemliche Sitzung", sagte Rainey. „Sie haben mich ins Spiel gebracht, in Ordnung."

„ Enny hat Einwände dagegen, dass du deinen Anteil am Gold verlierst?"

„Nicht im Geringsten. Ich glaube, sie hielten es für einen Scherz. Nachdem wir das Spiel beendet hatten, wurde es noch schlimmer. Ich habe zweitausendsiebenhundert Dollar verloren", fügte er lachend hinzu. „Keine Chips unter einem Dollar. Sky Limit. Und Deming hatte viel Glück und einen Großteil des Könnens, denke ich."

„Ich scheine dir keine Sorgen zu machen."

„Nun, es war eine Art Geistergeld", lachte Rainey.

„Sie haben die Farbe gesehen", erwiderte Lund. „Was Besonderes gehört ?"

"NEIN." Rainey sprach nachdenklich. „Ich hatte das Gefühl, dass ich wie ein Außenseiter behandelt wurde, obwohl sie freundlich genug waren. Aber irgendwie habe ich den Eindruck, dass sie sich auf ihre übliche Art und Weise zurückhielten."

„Das sollte mich nicht wundern", grunzte Lund. „Sandy schon gesehen?"

„Ich hatte keine Chance. Ich dachte, es wäre das Beste, nicht gesehen zu werden, wie man mit ihm redet."

„Richtig. Kumpel , die Dinge spitzen sich zu. Es liegt Eis in der Luft. Ich kann es riechen. Spüren Sie den Temperaturunterschied? Eis, alles klar. Und das bedeutet zwei Dinge. Wir sind fast einer der Aleuten , eine Beringstraße ist voller Eis. Etwas früh, aber es gibt nichts Ungewöhnliches über die Art und Weise, wie sich Eis bildet. Ich habe eine starke Vermutung, dass etwas brechen wird, bevor wir die Meerenge erreichen.

„Eines spricht für uns. Sandy, der früher gespart hat, hat dich bei den Jägern gut etabliert. Sie werden nicht so scharf darauf sein, dich auszusetzen. Und sie werden es sich zweimal überlegen, ob sie mich blind an Land bringen . Ich habe immer mitgemacht . “ Gut mit den Jägern. Alles gesagt und getan, sie sind im Grunde Männer. Ihre Herzen sind jetzt vergoldet. Aber –“

Er schien von der Idee besessen zu sein, dass die Besatzung mit Carlsen als Hauptinitiator beschlossen hatte, sie auf einer einsamen vulkanischen Insel stranden zu lassen. Rainey fragte sich, welche tatsächlichen Grundlagen er für diese Theorie hatte.

„Die Matrosen –“, begann er.

„Das ist kein Haufen getrockneter Herine . Eine Porenmenge. Schwingen Sie in beide Richtungen, wie ein Patenttor. Das bin ich nicht.“ Ich mache mir Sorgen um sie. Ich gehe jetzt meinen Kaffee trinken. Ich stand schon vor Tagesanbruch auf und versuchte , die Sache herauszufinden . Du kannst bald zu Sandy , Kumpel .“ Und Lund ging nach unten.

Rainey sah ihn bis Mittag, beim Mittagessen, nicht mehr. Und er fand keine Gelegenheit, mit Sandy zu reden. Er bemerkte, dass der Junge ihn ein- oder zweimal ansah, wehmütig, dachte er, und doch verstohlen. Es schien eine sich verdichtende Atmosphäre von etwas Ungewöhnlichem zu herrschen. Und das tatsächliche Wetter wurde deutlich kälter. Er hatte seinen Pullover und er brauchte ihn. Die Matrosen hatten ihre dicksten Kleider angezogen. Carlsen erschien im Laufe des Morgens nicht, ebenso wenig wie die Jäger. Auch nicht das Mädchen.

Mittags kam Carlsen, um seine Beobachtung zu machen. Er sagte nichts zu Rainey, aber dieser bemerkte, dass das Gesicht des Arztes sardonischer wirkte als sonst, als er seinen Sextanten unter seinen Arm klemmte.

Mit Hansen an Deck versammelten sich alle mit Ausnahme des Kapitäns am Tisch. Tamada bediente perfekt und geräuschlos. Der Arzt unterhielt sich mit leiser Stimme mit dem Mädchen. Ein- oder zweimal lächelte sie Rainey freundlich über den Tisch hinweg an.

„Skipper Enny besser?“ fragte Lund am Ende des Essens.

Carlsen ignorierte ihn, aber das Mädchen antwortete:

"Ich fürchte nicht." Es kam überhaupt nicht oft vor, dass sie mit Lund sprach, und Rainey fragte sich, ob sie eine Veränderung ihrer Gefühle sowohl gegenüber dem Riesen als auch gegenüber ihm selbst gespürt hatte.

Carlsen stand auf und verkündete seine Absicht, weiterzumachen. Lund nickte Rainey bedeutsam zu, als wollte er andeuten, dass der Arzt sich mit den Jägern treffen würde und dass dies vielleicht eine Gelegenheit sei, mit Sandy zu reden.

„ Ich werde abgeben", sagte er. „Die Augen tun mir weh. Es ist das Eis im Wind."

„Gibt es Eis?" Peggy Simms fragte Rainey, als Lund verschwand. Carlsen war bereits verschwunden.

„Nichts in Sicht", antwortete er. „Aber Lund sagt, er kann es riechen, und ich glaube, ich weiß, was er meint. An Deck ist es kalt."

Das Mädchen ging zur Tür ihres eigenen Zimmers, zögerte dann und kam zurück zu dem Tisch, an dem Rainey immer noch saß. Er hatte vier Stunden frei und wollte die Gelegenheit nutzen, mit dem Hilfsarbeiter zu sprechen.

„Mr. Carlsen sagte mir, er erwarte, morgen früh Land zu sehen", sagte sie. „Unalaska oder Unimak, höchstwahrscheinlich. Wie geht es dem Jungen, den du gerettet hast?"

Sie schien so zur Freundlichkeit geneigt zu sein, ihre Augen waren so offen, dass Rainey beschloss, mit ihr zu reden. Er war der Meinung, dass sie einsam war und sich Sorgen um ihren Vater machte. Unter ihren Augen waren blassblaue Schatten, und er bildete sich ein, dass ihr Gesicht eingefallen aussah.

"Kann ich dich etwas fragen?" er hat gefragt.

"Sicherlich."

„Warum hast du mich bloß um Verzeihung gebeten? Und vielleicht irre ich mich, aber du schienst Wert darauf gelegt zu haben, dies eher öffentlich zu tun."

Sie errötete langsam, wich seinem Blick jedoch nicht aus, ging zum Tisch und stellte sich ihm gegenüber, ihre Finger ruhten leicht auf dem polierten Holz.

„Das lag daran, dass ich dachte, ich hätte dich missverstanden", sagte sie. „Und seitdem habe ich darüber nachgedacht. Ich glaube nicht, dass irgendein Mann, der sein Leben riskieren würde, um diesen Jungen zu retten, aus solchen Motiven wie Sie auf das Schiff gegangen sein könnte. Ich – ich hoffe, ich irre mich nicht."

Rainey starrte sie erstaunt an.

„Welche Motive?“ er hat gefragt. „Sicherlich wissen Sie, dass ich diese Reise nicht aus freien Stücken antreten wollte?“

Das wechselnde Licht in ihren Augen erinnerte Rainey an den Blick ihres Vaters, als er in einer stressigen Zeit für den Schoner in Bestform war. Sie waren stabil und die Pupillen hatten sich erweitert, während die Iris die Farbe von Stahl hatte. Sie hatte etwas mehr als die gewöhnliche weibliche Sanftheit, entschied er. Sie setzte sich und forderte seinen Blick heraus.

„Willst du mir damit sagen “ , fragte sie, „dass du dein Wissen über diesen Schatz nicht genutzt hast, um einen Anteil daran zu erlangen, unter der verdeckten Drohung, ihn der Zeitung, für die du gearbeitet hast, preiszugeben?“

Nun war es an Rainey, die Spüle zu erröten. Seine Empörung strömte in seine Augen und das Mädchen geriet ein wenig ins Wanken. Sein Zorn beherrschte sein Urteilsvermögen. Er hatte nicht vor, ihre Gefühle zu verschonen. Was meinte sie mit einer solchen Anklage? Sie muss von der Drogeneinnahme gewusst haben. Wenn nicht, würde sie es bald tun.

„Ihr Verlobter, Mr. Carlsen, hat Ihnen das wahrscheinlich gesagt“, sagte er, „wenn Sie es nicht aus Ihrer eigenen Fantasie heraus entwickelt hätten.“ Jetzt war ihr Gesicht ziemlich geflammt.

"Mein Verlobter?" sie schnappte nach Luft. "Wer hat dir das gesagt?"

„Der Herr selbst“, antwortete Rainey.

"Oh!" Sie weinte, schloss die Augen und ihr Gesicht wurde blass.

„Derselbe Herr“, fuhr Rainey rachsüchtig fort, „der Chloral in mein Getränk getan und mich absichtlich an Bord der *Karluk gebracht* hat, so dass ich nur auf See kam und keine Chance auf Rückkehr hatte. Auch er hatte Angst, ich könnte geben.“ Er sagte mir, es sei eine Geschäftssache, dass er mich zu meinem eigenen Besten entführt hätte“, fuhr er verbittert fort und erinnerte sich an das Gespräch mit Carlsen, das er damals hatte er war aus dem Einfluss der Droge herausgekommen. „Du musst mir natürlich nicht glauben“, brach er ab.

„Ich glaube nicht, dass Sie ganz fair sind, Mr. Rainey“, antwortete das Mädchen. „Für mich meine ich. Ich gebe dir *mein* Wort, dass ich nichts davon wusste. Ich-“ Sie weitete plötzlich ihre Augen und starrte ihn an. „Dann – mein Vater – er?“

Rainey verspürte einen Anflug von Mitgefühl.

„Er war da, als es passierte", sagte er. „Aber ich weiß nicht, dass er etwas damit zu tun hatte. Mr. Carlsen hat ihn vielleicht davon überzeugt, dass es das Einzige war, was man tun konnte. Er scheint beträchtlichen Einfluss auf Ihren Vater zu haben."

„Derselbe Herr, der Chloral in mein Getränk gegeben hat"

„Das hat er. Er – Mr. Rainey, ich habe Sie einmal um Verzcihung gebeten, das tue ich noch einmal. Wollen Sie das nicht akzeptieren? Vielleicht können wir die Angelegenheit später einmal besprechen. Ich bin verärgert. Aber – Sie werden akzeptieren die Entschuldigung, und glauben Sie mir?"

Sie streckte ihre Hand über den Tisch aus und Rainey ergriff sie.

„Wir werden Freunde sein?" Sie fragte. „Ich brauche einen Freund an Bord der *Karluk* , Mr. Rainey."

Er verspürte eine Abneigung gegenüber ihr. Sie war zweifellos mutig, dachte er; Sie würde ihren Waffen standhalten, aber plötzlich sah sie sehr müde aus, eine erbärmliche Gestalt, die seine Ritterlichkeit beschwor.

„Warum, sicherlich", sagte er.

Sie ließen langsam ihre Hände los, und wieder spürte Rainey, wie etwas mehr als ihr bloßer Griff zurückblieb, ein leichtes Kribbeln, das ihn dazu brachte, sie auf eine Weise anzulächeln, die ein wenig Farbe in ihre Wangen brachte.

„Danke", sagte sie.

Er sah zu, wie sie die Tür ihrer Kabine hinter sich schloss, bevor ihm einfiel, dass sie nicht bestritten hatte, Carlsen zu heiraten. Aber er zuckte mit den Schultern, als er anfing zu rauchen. Auf jeden Fall, sagte er sich, weiß sie, was für ein Kerl er ist – in dem, was er Geschäft nennt.

Plötzlich glaubte er, sie in ihrem Zimmer leise schluchzen zu hören, und er stand auf und ging in der Kabine auf und ab, nicht ganz zufrieden mit sich.

„Ich war ein bisschen ein Idiot, wie ich sie angegriffen habe", dachte er, „aber dieser Kerl Carlsen bleibt mir im Arsch. Wie irgendein anständiges Mädchen auf die Idee kommen könnte, sich mit ihm zu paaren, ist mir schleierhaft – es sei denn – Gott sei Dank." Ich wette, er arbeitet mit Hilfe ihres Vaters daran, es durchzuziehen! Für das Gold! Wenn er in sie verliebt ist, hat er eine verdammt seltsame Art, es nicht zu zeigen."

Die Tür zum Küchenkorridor öffnete sich und ein Kopf wurde vorsichtig hineingesteckt. Dann kam Sandy in die Kabine.

Ihnen reden ." Seine Pop-Augen wanderten zweifelnd durch die Hütte.

„Kommen Sie hier rein", sagte Rainey und führte Sandy in sein eigenes Quartier.

„Na dann", sagte er, während er sich auf die Koje setzte, während Sandy vor der Trennwand stand, gebeugt, unentschlossen, sein schlaffer Kiefer bewegte sich, als würde er etwas kauen, „was ist los, mein Junge?"

„Sie würden mich umhauen, wenn sie das wüssten", sagte Sandy. „Ich habe mich gewarnt , den Mund zu halten. Deming sagte, er würde aufhören, wenn ich schwatzte. Und das würde er auch tun. Aber –"

„Aber was? Setz dich, Sandy; ich werde dich nicht verraten."

„Sie haben es hinter mir übertrieben, Sir. Keiner von ihnen würde es tun. Ich habe gehört, was Mr. Carlsen gesagt hat, dass ich nichts getan habe . Vielleicht tue ich das nicht, aber ich habe meine eigenen Gründe, mich zurückzuhalten ' an. Ich selbst, ich steige natürlich nicht zu viel. Warum sollte ich? Wenn ich jemals Mutter und Vater hätte, hätte ich sie nie zu Gesicht bekommen . Ich habe mein eigenes Leben aufgebaut , als ich acht war. Ich Ich habe nie genug Essen in meinem Bauch gehabt, bis ich für Tamada gearbeitet habe . Der Japaner steckt mir die beste Füllung zu. Er ist nur ein Japaner, aber er hat mehr Herz als der Rest dieser verdammten Bande zusammen .

Rainey nickte.

„ Sag mir schnell, was du weißt. Du könntest jede Minute gesucht werden.“

Die Worte schienen in der trockenen Kehle des Jungen steckenzubleiben, und dann kamen sie mit einem Schwall.

„Es ist der Doktor! Es ist Carlsen, der sie in eine Menge verdammter Bolschewiki verwandelt hat, Sir. Er hat ihnen gesagt, dass sie einen Ekal-Anteil am Gold haben sollten . Ekal überall, alle außer Tamada – und ich. Ich nicht.“ Graf. Ein ' Tamada ist ein Japaner. Die Männer sind sauer auf Mr. Lund , weil er glaubte, der Skipper habe ihn auf dem Eis zurückgelassen . Carlsen hat sich das auch ausgedacht. Sagte, Lund habe sie alle als Feiglinge dargestellt. ' Cept Das heißt Hansen. Er wagt nicht , zu viel zu sagen, sonst würden sie ihn überfallen, aber Hansen deutet irgendwie an, dass Käpt'n Simms nach Lund hätte zurückgehen sollen, hätte zurückgehen können, wie Hansen es ausdrückte . Also werden sie alle streiken.“

Raineys Geist reagierte schnell auf Sandys Rede. Es schien unvorstellbar, dass Carlsen bereit wäre, gleichermaßen mit den Jägern und der Crew zu teilen. Sandys Fantasie war wild geworden, oder die Männer hatten ihn lächerlich gemacht. Der Anteil des Mädchens würde in die gemeinsame Parzelle geworfen werden. Und dann blitzte vor ihm der Trick auf, mit dem Carlsen die gesamte Munition im Besitz der Jäger beseitigt hatte. Er hatte einen tieferen Plan als den, den er den Jägern vorlegte und den er lediglich anbot, um einem gegenwärtigen Zweck zu dienen. Raineys Kiefermuskeln spannten sich.

„Mach weiter, Sandy“, sagte er knapp.

„ Viel mehr gibt es nicht , Sir. Sie werden es Lund vorwerfen. Zuerst haben sie sich ausgedacht , ihn mit Ihnen und dem Japaner an Land zu bringen . Das hat Carlsen ihnen vorgeschlagen . Aber sie warnen Ich bin nicht dafür. Sagte, Lund habe das Gold gefunden und sollte einen fairen Anteil an den anderen haben. Und sie haben ein schlechtes Gewissen wegen Ihnen, Sir, seit Sie mich gerettet haben. Nicht, weil ich es war , aber weil es das war, was Deming eine verdammt mutige Sache nennt.“

„Wie hast du das alles erfahren?“ forderte Rainey.

„Abfälle, Sir. Hier und da. Die Matrosen reden nachts darüber, wenn sie denken, ich schlafe im Vorschiff. Und ich halte die Ohren offen, wenn ich auf die Jäger warte. Aber das tun sie nicht Ich werde Ihnen keinen Anteil geben , weil Sie nicht an dem ursprünglichen Geschäft beteiligt waren . Aber das sind sie nicht Ich werde Sie auch nicht aussetzen, es sei denn, Lund bockt und Sie weichen ihm aus.

„Wie wäre es mit Captain Simms?“

„Carlsen wird für ihn einstehen, Sir. Er prahlt damit, dass er das Mädchen heiraten wird. Das gibt ihm drei Anteile – die des Kapitäns mitgerechnet . Die Männer sehen das nicht, aber ich habe es gesehen. Er schon ein verdammter Fuchs, ist Carlsen.

„Wann kommt das raus?“ fragte Rainey.

„Schnell! Sie werden Land gesichtet haben , sagen sie. Das habe ich heute Morgen gehört . Ich habe mich in meiner Koje versteckt. Es geht gegen die Wand der Jägermesse und, wenn es ruhig ist, Sie können hören, was sie sagen.

„ Das sind sie nicht Fahren Sie über den Unimak-Pass in die Beringstraße. Sie kommen über den Amukat- oder Seguam- Pass. Und sie bringen es irgendwo in der Nähe nach Lund und zum Kapitän. Und da werdet ihr beide verärgert sein, wenn ihr euch nicht anpasst.“

„In Ordnung, Sandy. Du bist schlauer, als ich dachte. Bist du dir bei all dem sicher ?“

„Von mir gibt es nicht viel zu sehen, Sir, aber ich muss mich nicht durchschlagen , ohne mich selbst zu belästigen . Sie wollen mich aber nicht verraten? Sie würden mich jagen.“

„Das werde ich nicht. Du hast mitgemacht. Und wenn wir zufällig die Nase vorn haben, Sandy, werde ich dafür sorgen, dass du einen Anteil davon bekommst.“

"Danke mein Herr."

„Ich gehe mit dir raus“, sagte Rainey. „Wenn jemand hereinkommt, bevor Sie frei sind, gebe ich Ihnen einen Befehl. Ich habe nach Ihnen geschickt, verstehen Sie.“

Aber Sandy kam ohne Probleme zurück in die Kombüse. Rainey begann erneut in der Kabine auf und ab zu gehen und ging dann zurück in sein eigenes Zimmer, um das Ding in Ordnung zu bringen. Lund schlief, aber er würde ihn wecken, beschloss er, voller Bewunderung für die Klugheit des Blinden und die Art und Weise, wie er die allgemeine Situation vorhergesehen hatte.

Es gab nicht viel Zeit zu verlieren. Er sah nicht, was sie gegen den Vorschlag tun könnten. Er war sich sicher, dass Lund dem nicht zustimmen würde. Und er könnte einen Plan haben. Er hatte angedeutet, dass er Karten im Ärmel hatte.

Was Carlsens endgültige Pläne waren, interessierte Rainey nicht. Er bezweifelte nicht, dass dies die Täuschung der gesamten Mannschaft bedeutete. Er hatte vor, irgendwann das ganze Gold einzusammeln. Und das Mädchen – sie wäre in seiner Macht. Aber vielleicht wollte sie es sein? Rainey verließ seine Sackgasse und begab sich in die Hauptkabine, um Lund die Neuigkeit zu überbringen.

Das Mädchen kam aus dem Zimmer ihres Vaters.

"Etwas besser?" fragte Rainey.

„Nein. Ich kann es nicht verstehen. Er scheint mich kaum zu kennen. Doktor Carlsen kam wegen Vaters Ischias, aber – da ist noch etwas anderes – und der Arzt kann nichts dagegen tun. Ich kann es nicht ganz verstehen – "

Sie blieb abrupt stehen.

„Kennen Sie den Arzt schon lange?" fragte Rainey.

„Seit einem Jahr. Er lebt in Mill Valley, in der Nähe meines Onkels. Ich lebe beim Bruder meines Vaters, wenn Vater auf See ist. Aber dieses Mal wollte ich in seiner Nähe sein. Und der Arzt –"

Wieder schien sie sich bewusst von einer Offenbarung abzuhalten, die ans Licht kommen wollte.

„Hat er in Mill Valley praktiziert ? Oder in San Francisco?" fragte Rainey und erinnerte sich an Lunds Ausbruch gegen Carlsens berufliche Fähigkeiten.

„Nein, er hat schon einige Jahre nicht mehr geübt . So kam es, dass er mitmachen konnte. Vater versprach ihm natürlich eine gewisse Beteiligung an der Unternehmung. Und er war ein Freund."

Sie verstummte in ihrer Rede und sah Rainey unsicher an. Letzterer traf eine Entscheidung.

„Miss Simms", sagte er, „werden Sie Doktor Carlsen heiraten?"

Plötzlich wurde Rainey bewusst, dass jemand in die Kabine gekommen war. Es war Carlsen, der jetzt schnell auf ihn zukam, sein Gesicht war blass, sein Mund knurrte und seine schwarzen Augen teuflisch vor Schalk.

„Ich werde mich um diesen Teil kümmern", sagte er. „Peggy, du solltest besser zu deinem Vater gehen. Ich bin gleich da. Er ist ein ziemlich kranker Mann", fügte er hinzu.

Sein Knurren hatte sich in ein Lächeln verwandelt und er schien sich schnell unter Kontrolle zu haben. Das Mädchen sah beide an und ging langsam in das Zimmer des Kapitäns. Carlsen drehte sich zu Rainey um, sein Gesicht war erneut eine Maske des Hasses.

„Ich werde dich dorthin bringen, wo du hingehörst, du verdammter Eindringling", sagte er. „Was zum Teufel meinst du, wenn du ihr diese Frage stellst?"

„Das ist meine Sache."

„Ich werde es zu meinem machen. Und deine werde ich in Kürze ein für alle Mal regeln. Ich nehme an, dass du selbst sanft zu dem Mädchen bist", höhnte er. „Halten Sie sich für einen Helden! Glaubst du, sie würde dich ansehen, einen bettelarmen Nachrichtenhändler? Warum, sie —"

„Du kannst sie da rauslassen", sagte Rainey leise. „Was dich betrifft, ich glaube, du bist ein dreckiger Schurke."

Carlsens Hand schoss zurück zu seiner Gesäßtasche, als Raineys Faust durch die Öffnung schoss und ihn hoch am Kiefer traf, sodass er zurücktaumelte, gegen die Trennwand prallte und auf den gepolsterten Sitz fiel, der um den Raum herumlief.

Aber seine Waffe war draußen. Als er es hochhob, kämpfte Rainey mit ihm. Carlsen drückte ab, und die Kugel durchschlug das Dachfenster über ihnen, während Rainey seinen Arm nach oben zwang und ihn mit beiden Händen heftig verdrehte, bis die Waffe auf den Sitz fiel.

Gleichzeitig erschienen das Mädchen und Lund.

„Waffenspiel?" polterte der Riese. „Das wirst du sein, Carlsen! Du schießt zu sehr gern aus dem Tor von einst ."

Rainey war auf den Ausruf des Mädchens zurückgetreten. Carlsen holte seine Waffe zurück und steckte sie weg, während Peggy Simms mit leuchtenden Augen auf ihn zukam.

"Du Feigling!" Sie sagte. „Wenn ich gedacht hätte – oh!"

Sie machte eine Geste völligen Abscheus, woraufhin Carlsen höhnisch spottete.

„Ich werde Ihnen zeigen, ob ich ein Feigling bin oder nicht, Mylady", sagte er, „bevor ich mit Ihnen allen durchkomme. Und eines sage ich Ihnen: Das Leben des Kapitäns liegt in meinen Händen. Und „Er und ich sind die einzigen Navigatoren an Bord dieses Schiffes, außer einem dummen Blinden", fügte er hinzu, als er zur Tür von Simms' Kabine ging, sich zu ihnen umdrehte, ihnen absichtlich ins Gesicht lachte und die Tür schloss auf sie.

Kapitel VII

RAINEY TRIFFT EINE ENTSCHEIDUNG

"Also?" fragte Lund: „Was wirst du dagegen tun, Rainey? Bleib bei mir oder schließe dich den anderen an , arbeite deinen Durchgang und danke ihnen für nichts, wenn sie das Zeug aufteilen und dich verlassen." raus? Du musst dich verdammt schnell so oder so entscheiden, denn für ter-morrer steht der Showdown auf dem Programm ."

„Sie haben nicht direkt gesagt, was Sie selbst tun werden", antwortete Rainey. „Was mich betrifft, scheine ich zwischen dem Teufel und der Tiefsee zu stehen. Carlsen hat einen Plan, die Männer zu überlisten. Es ist unvorstellbar, dass er bereit sein wird, ihnen gleiche Anteile zu geben. Und er hat keine Verwendung für mich."

„Du hättest dir seine Waffe schnappen sollen, bevor er es tat", sagte Lund. „Er wird dich aus dem Weg räumen, wenn er kann, aber da er jetzt etwas wütend ist, wird er dich nicht erschießen. Nicht bevor das Gold im Laderaum ist. Eines ist, er weiß, dass die Jäger es nicht tun würden . Ich kann es nicht ertragen. Sie haben im Moment Staub in ihren Augen – Goldstaub, den Carlsen dorthin geworfen hat, aber wenn er dich abgeschlachtet hätte, würde er sie wahrscheinlich aus den Augen verlieren . Ich denke, das würde er tun. Das tue ich nicht Ich glaube nicht, dass du in großer Gefahr bist, Rainey, wenn du dich der Menge anschließen willst .

„Was mich betrifft", fuhr er mit tiefer werdender Stimme fort, „ich werde ihnen sagen , sie sollen sich in die Hölle begeben. Ich werde Carlsen zuerst ein paar Dinge erzählen. Gleiche Anteile! Ein guter Haufen Sozialisten sind sie." Abgesehen davon, dass Carlsen sie schikaniert , wie Sie sagen . Gleich? Sie sind mir nicht gleich, keiner von ihnen , von Mann zu Mann. Alle Menschen sind frei und gleich geboren, heißt es in der Verfassung und den Satzungen unseres Landes. Zugegeben. Aber das bleibt nicht lange so. Sie stehen alle in einer Reihe, um am Start die Zielvorgaben zu erfüllen, aber schauen Sie zu, wie sie sich abmühen , bevor sie ein Zehntel der Distanz zurückgelegt haben.

„Ich habe dieses Gold gefunden, und sie haben es nicht gefunden. Ich muss mich nicht mit ihnen teilen , und das werde ich auch nicht. Wenn einer von ihnen denkt, er sei mir ebenbürtig , muss er es nur sagen, und ich gebe ihm die Chance, es zu beweisen. Spüre diese Arme, Kumpel , schätze mich ein. Mann Zum Mann, ich könnte sie in zwei Hälften brechen . Bring mich in ein Zimmer mit nur drei von ihnen , und die Tür ist verschlossen, und ein „Einer" kommt heraus. Das bin ich."

Das war keine Prahlerei, kein Gepolter, sondern ruhige Gewissheit, und Rainey hatte das Gefühl, dass Lund lediglich das darlegte, was er für Tatsachen hielt. Und Rainey glaubte, es handele sich um Fakten. Abgesehen von seiner körperlichen Verfassung strahlte Lund eine selbstbewusste Geistesstärke aus, wie Dampf aus einem Wasserkocher kommt. Es war die Art von Kraft, die in einem stetigen Sturm steckt, ein Wind, gegen den man sich lehnen kann, eine elastische Kraft mit großen Kraftreserven. Aber die Bedingungen waren alle gegen Lund, obwohl er sie dann beiseite schob.

„Mann gegen Mann", wiederholte er, „ich könnte sie in Hamburger Steak schlagen . Und ich habe genug Verstand, um Carlsen zu täuschen. Ich habe ihn bisher überholt."

„Er hat die Waffe", warnte Rainey.

„Kümmere dich nicht um seine Waffe. Ich habe keine Angst vor seiner Waffe." Er nickte mit solch überwältigender Zuversicht, dass Rainey plötzlich das Gefühl hatte, den Waffenbesitz des Arztes in den Hintergrund zu drängen. „Wenn seine Waffe das Einzige ist , was dich stört , vergiss es. Du und ich haben erfahren, wo wir stehen . Wenn es sein muss. Aber wir sind gut miteinander ausgekommen. Ich bin auf eine Idee gekommen. Ich würde gerne sehen, wie du einen Schuss von dem Gold abbekommst, und all die Teufel in der Hölle und da raus . T Ich werde mich davon abhalten, es zu tun !"

Er sprach mit leiser Stimme, aber es grollte wie das ferne Brüllen eines Stieres. Rainey blickte auf den unbezwingbaren Kiefer, den der Bart nicht verbergen konnte, auf den großen Brustumfang, die astähnlichen Arme, die geschwollenen Schenkel und Waden und reagierte auf die Vermutung, dass Lund sich in Berserkerwut erheben und jeden Widerstand beiseite fegen könnte.

Es war natürlich absurd; Sein nächster Gedanke korrigierte das Gleichgewicht, das durch die überzeugende Kraft des Mannes belastet worden war, doch als er sich an sein früheres Gleichnis erinnerte, kam Lund für einen Moment wie ein blinder Samson vor, der durch ein Wunder im letzten Moment seine Feinde vernichten konnte reißen ihr Haus – oder ihr Schiff – um sich herum ab.

„Carlsen sagt, dass das Leben des Kapitäns in seinen Händen liegt", sagte er und wich Lunds direkter Frage immer noch aus. „Was halten Sie davon?"

„Ich weiß nicht, was ich davon halten soll", antwortete Lund. „Wenn ja, steh Gott dem Skipper bei! Ich schätze, es geht ihm schlecht. Naja , er ist vorerst raus , Rainey. Ich glaube nicht, dass er bei dem Treffen anwesend sein wird, wenn er so krank ist." . Carlsen spricht für ihn. Zählen Sie Simms vorerst aus."

„Da ist das Mädchen“, sagte Rainey. „Ich glaube nicht, dass sie Carlsen heiraten will.“

„Wenn sie das tut“, sagte Lund, „ ist sie nicht die Art, um die wir uns Sorgen machen müssen. Carlsen würde sie heiraten, wenn er es für notwendig hielte, ihren Anteil abzubekommen, indem er legal war Hochzeit durch den Skipper. Wenn Sie damit drohen, ihren Vater sterben zu lassen, wenn sie ihn nicht heiratet, wird das wahrscheinlich den Skipper dazu bringen, den Bund fürs Leben zu schließen. Es wäre legal. Aber wenn Sie sich für das Mädchen interessieren, Rainey, und Ich gehe davon aus , dass du das tust, ich sage dir, dass Carlsen sie heiraten wird, wenn es in seine Vorstellungen passt. Wenn nicht , wird er es nicht tun. Und wenn er siegt, wird er sie ohne Probleme nehmen ' über Gebetbücher und ' Zeremonien. Ich kenne seine Rasse. Alle Männer sind mehr oder weniger egoistisch und moralisch schüchtern, in mehr oder weniger breiten Zügen, aber dieser Carlsen ist einfach ein Stinktier.

„Die Männer würden das nicht zulassen“, sagte Rainey knapp. „Wenn Carlsen so etwas anfangen würde, würde ich ihn mit meinen eigenen Händen töten, mit oder ohne Waffe. Und jeder Weiße würde mir dabei helfen.“

„Das würdest du vielleicht “, sagte Lund und nickte weise. „Du würdest es versuchen. Aber du kennst dich nicht mit Männern aus, Kumpel , nicht so wie ich. Dieses Schiff hat jetzt einen Kapitän. Einen kranken Kapitän, das gebe ich dir zu. Aber bisher ist er der Boss. Und er ist der Mädels Vater. Alles ist normal und normal . Aber wenn du diesen Schoner in eine Einheit umwandelst, die frei und bequem ist, allen gleiche Anteile gibt und so geht, wie du willst, dann lass sie ihre Krallen auf das Gold richten , und auf dem Weg nach Hause sein, um es auszugeben – denn Carlsen wird sie so weit gehen lassen , bevor er seinen Zug zieht, was auch immer es sein mag –, eine Disziplin wird vorbei sein.

„ Grog wird bedient, wenn ihnen danach ist, sie werden anfangen zu spielen , einige von ihnen werden alles verlieren, was sie haben. Es wird schmerzende Köpfe geben, und sie werden sich daran erinnern, dass hinterher ein Mädchen ist -Kabine, die nicht mehr der Neid nach der Kabine sein wird , denn sie werden alle das Sagen haben, wenn sie gleich sind; dann wird die Hölle losbrechen, was das Mädchen betrifft.

„Ein Haufen Männer, die wochenlang auf See waren , halb betrunken, verrückt danach , mehr Gold zu haben, als sie sich jemals erträumt hatten, oder es verspielt zu haben. Machen Sie Witze über einen Haufen Bestien, Kumpel , wann immer sie an dieses Mädchen denken . Sie werden für Carlsen zu viel sein – und“ – er tippte auf Raineys Knie – „Carlsen hält nicht genug von einer Enny- Frau, um zuzulassen, dass sie sich in seine Interessen einmischt.“

Raineys Kiefer war angespannt und seine Fäuste geballt, sein Blut floss heiß und schnell. Seine Fantasie war instinktiv, um aus Lunds Vorschlägen farbenfrohe Szenen zu erschaffen.

„Du meinst –", begann er.

„Unter seinem Versteck, wenn es keins gibt „Nichts hindert ihn daran, das einfache Tier eines Mannes", sagte Lund. „Was wissen diese Raufbolde am Wasser über ein gutes Mädchen – oder kümmern sie sich darum?" Sie kennen nur eine Sorte. Haben Sie jemals darüber nachgedacht, was einer Frau zu Zeiten der Freibeuter passierte, als sie alleine auf hoher See einen an Bord bekamen? Wenn sie Carlsen drängen würden, würde er sie ihnen ohne Zwinkern übergeben .

„Du hast angedeutet, dass ich anders bin", sagte Rainey. „Wie wäre es mit dir, Lund, wie würdest du dich verhalten?"

„Wenn Carlsen gewinnt, würde ich Muscheln auf einem Felsen kauen oder Krabben füttern ", sagte Lund schlicht. „Ich bin kein Heiliger, aber solange ich wackeln kann , gibt es keinen Enny Hunter oder Seemann werden einem anständigen Mädchen Schaden zufügen. Auch deshalb sind sie mir nicht ebenbürtig, Rainey. Kapieren? Carlsen auch nicht. In diesem Carlsen steckt nicht genug echte Männlichkeit, um eine Pfanne einzufetten. Wie wäre es, Rainey? Bist du in einer Reihe mit mir?"

„So weit ich gehen kann, Lund. Ich bin bis zum Äußersten bei dir."

Lund ließ seine Hand mit einem gewaltigen Schwung herab, packte Raineys Hand in der Luft und hielt sie fest, bis Rainey sich auf die Lippen biss, um einen Schmerzensschrei zu unterdrücken.

„Du hast den Mut!" rief der Riese und stoppte abrupt die Lautstärke seiner Stimme. „Ich wusste es. Es wird nicht alles so laufen , wie sie es wollen. Passen Sie auf, wie ich rauche. Und dann gehen Sie Carlsen aus dem Weg, so gut Sie können Du hast überall Unrecht. Sei ruhig und sprich ruhig, bis Land gesichtet wird. Wenn du nicht zu dieser I.W.W.-Tagung eingeladen bist , melde dich.

„ Carlsen wird versuchen, dich an Deck zu halten, denke ich. Bleib nicht dort. Übergib das Steuer an Sandy, wenn es sein muss. Ich werde darauf bestehen, dich dort zu haben . Das wird besser sein. Sie" Ich werde wahrscheinlich irgendein dummes Abkommen unterschreiben müssen. Carlsen würde das tun. Geben Sie allen das Gefühl, dass es sich eher um ein Geschäft handelt Treffen . Sie werden es lieben, ihre Namen zu kritzeln und ihre Noten zu notieren. Ich muss Sie dabei haben, damit Sie es mir vorlesen können. kapieren?"

„Wie sieht Ihrer Meinung nach Carlsens Spiel aus, wenn es durchgeht?"

„Er ist schlau genug, um sich ein Dutzend Möglichkeiten auszudenken. Irgendwann in der Nacht den Schoner an Land bringen, ihn zerstören. Mit dem Gold in die Boote werfen. Innerhalb einer Woche hätten Deming und ein oder zwei andere alles gewonnen." . Dann – er hätte die einzige Waffe – würde er sie alle erschießen und sagen, sie seien auf See gestorben. Er hat nicht mehr warmes Blut als ein Tintenfisch. Oder er könnte landen und sie beschuldigen Alles Piraterie. Was kümmern uns seine Pläne? Das ist ihm egal Ich werde sie umbringen .

Rainey musste Hansen ablösen. Er verließ Lund, bereit zum Widerstand gegen Carlsen, gegen die gesamte Mannschaft, wenn nötig, entschlossen, das Mädchen zu retten, aber als Lund unten blieb und die Zeit verging, wich sein Selbstvertrauen aus ihm, und die Chancen nahmen ihr mathematisches Ausmaß an.

Was konnten sie gegen so viele tun? Aber er hielt an seiner Entschlossenheit fest, zu tun, was er konnte, mit der verlorenen Hoffnung im Kampf unterzugehen. So blind er auch war, so hatte Rainey das Gefühl, Lund sei der bessere Mann von beiden; Es war besser, zu versuchen, die Hürden des Dilemmas zu ergreifen, als schwach nachzugeben und, nachdem Lund getötet oder gestrandet war, im Alleingang zu versuchen, Peggy Simms vor den Schrecken zu schützen, die später kommen würden.

Er glaubte nicht, dass er sie liebte. Die Umgebung war für so etwas nicht förderlich gewesen. Aber der Gedanke an sie, ihre Hände gefaltet, ihre Augen bittend, sagte sie, sie brauche eine Freundin an Bord der *Karluk* ; Ihre junge, klare Schönheit gab ihm den Mut, allen Widrigkeiten zum Trotz an der Seite von Lund zu stehen. Lund kämpfte für seine Rechte, für sein Gold, aber er hatte gesagt, dass er nicht zulassen würde, dass einem anständigen Mädchen Schaden zugefügt würde, solange er sich bewegen könne. So rau der Riese auch war, er hatte seinen Code. Rainey prickelte vor Verachtung für sein eigenes Zögern.

Die *Karluk* rollte mit guter Geschwindigkeit nordwärts in Richtung Landung und der Krise zwischen Lund und Carlsen. Das Wetter hatte nachgelassen und der Halbsturm diente nun dem Schoner, anstatt ihn zu behindern. Rainey übergab das Steuerrad einem Matrosen und ging auf dem Deck auf und ab. Der Biss in der Luft hatte zugenommen, bis selbst der geschickte Gang, den er beibehielt, nicht mehr in der Lage war, das Blut so weit zu zirkulieren, dass seine Finger nicht taub wurden, sodass er mit den Armen über die Brust schlagen musste.

Es lag deutlich unter dem Gefrierpunkt. Wenn sie auf Süßwasser statt auf Salzwasser gesegelt wären, wäre die Takelage seiner Meinung nach an der Stelle, an der die Gischt darauf traf, glasiert gewesen. So kam es ihm vor, dass die Leinwand steifer als sonst war, und über dem nördlichen Horizont lag ein weißlicher Dunst, der an Eis erinnerte.

Die hohen, olivfarbenen Meere erhoben sich in aufgelösten Hügeln, das Pfeifen des Windes war schrill in der Takelage. Über dem Hauptmast hing ein graubrüstiger Vogel mit breiten, unbeweglichen Schwingen, ohne sich zu bewegen, und beobachtete mit seinen rubinroten Augen das Schiff, als wäre es ein Spion, der aus der Arktis ausgesandt wurde, um die abenteuerlustigen Fremden zu melden, die sich seinen Gefahren stellen wollten.

Als der Tag dem Sonnenuntergang entgegenging, wurde die Düsternis schnell tiefer. Die Sonne versank schon früh in bleigrauen Wolkenbänken, und die *Karluk* glitt weiter durch die brodelnde See in einem Bild seltsamer Einsamkeit, bis auf den schwebenden Albatros, der seine Position nie um einen Zentimeter oder durch einen Flirt seiner Federn veränderte.

Rainey spürte die trostlose Atmosphäre des Ganzen, während er auf und ab ging und versuchte, einen Plan zu entwickeln. Lunds mysteriöse Hinweise waren unbefriedigend. Ohne irgendeine Grundlage konnte er ihnen nicht glauben, aber der Riese würde nie über die vage Rede von einem „Joker" oder einer Karte im Ärmel hinausgehen. Und sie würden mehr als eine Karte brauchen, dachte Rainey.

Er fragte sich, ob sie Hansen gewinnen könnten, der sich für Lund gegen den Kapitän ausgesprochen hatte. Und hatte dann seinen Rat befolgt. Aber er tat Hansen als Verbündeten ab. Der Skandinavier war zu vorsichtig, zu geneigt, solche Dinge als Chancen zu berücksichtigen. Abgesehen von seinem guten Willen war Sandy nutzlos. Er war von Deming eingeschüchtert, hatte Angst vor Carlsen und war zu mickrig, um mehr zu tun, als er getan hatte, obwohl er sie gewarnt hatte.

Tamada ? Würde er um den Anteil des Goldes kämpfen, den er erwartete? Lund hatte ihn als neutral beschrieben. Aber wenn er wüsste, dass er aus der Abteilung ausgeschlossen werden sollte? Es war unwahrscheinlich, dass er zur Konferenz gerufen würde. Die Japaner kannten zweifellos die rassistischen Vorurteile gegen ihn, ein Vorurteil, das Rainey für kurzsichtig hielt und sich Mühe gab, zu zeigen, dass er es nicht teilte. Auf jeden Fall könnte Tamada ihm eine Waffe geben, zumindest ein Gemüsemesser mit scharfer Klinge.

Kommt es jedoch zu einem regelrechten Kampf, müssen sie überwältigt werden. Carlsens Waffe nahm wieder die richtigen Proportionen an. Lund hatte vielleicht keine Angst davor, aber Rainey schon, ganz offen gesagt. Er hätte es von den Kabinenpolstern reißen sollen. Aber Tamada ? Er konnte Tamada nicht als wichtigen Faktor abtun . Für Rainey stand außer Frage, dass Tamada seiner Kaste nach über seiner Position als Robbenkoch stand. Es stimmte, dass ein Japaner es nicht für untergeordnet hielt, wenn sie zum richtigen Ende führten.

Ging es dabei lediglich darum, seinen Anteil am Gold in Besitz zu nehmen, oder hatte Tamada einen tieferen, komplizierteren Grund, sich als Leiter der Galeere der *Karluk anzumelden*? Irgendwie glaubte Rainey, dass es einen solchen Grund gab. Er behandelte Tamada mit einer Höflichkeit, die andere Japaner seiner Meinung nach zu schätzen wussten, und bildete sich ein, dass Tamada ihn nach und nach mit einem gewissen Maß an Wohlwollen betrachtete. Aber es war schwer zu erkennen, was sich hinter diesen unergründlichen Augen verbarg, oder Tamadas Gesicht zu lesen, glatt und ruhig wie das eines Elfenbeinbildes.

KAPITEL VIII

TAMADA SPRICHT

Tamadas Kombüse war so ordentlich und effizient wie der Operationssaal eines erstklassigen Krankenhauses. Und Tamada hatte bei seiner Arbeit die ganze Geschicklichkeit und etwas von der Würde eines Chirurgen. Es gab keinen unnötigen Umzug, es gab keinen Müll bei der Vorbereitung, jeder Artikel wurde sofort nach Gebrauch an seinen vorgesehenen Platz zurückgebracht und jedes Gerät und Utensil war glänzend und makellos.

Es war eine Stunde nach der dritten Mahlzeit des Tages. Tamada jonglierte mit dem Essen für drei Mahlzeiten, und er tat es mit der ruhigen Präzision eines Menschen, der jedes Detail genau im Blick hat und seinen Zeitplan einhält. Der Junge Sandy war nicht da, wahrscheinlich damit beschäftigt, den Tisch für die Jägermesse zu decken, vermutete Rainey.

Tamada betrachtete ihn mit Augen, denen es nicht an einem gewissen Glanz mangelte, wie ihn eine Schlehenbeere haben könnte, die aber unter ihren geschlossenen Lidern weder Interesse, noch Neugier, noch Freundlichkeit verrieten. Sie gehörten in sein faltenfreies Gesicht, sie waren völlig neutral. Dennoch schienen sie Rainey heimlich zu suggerieren, dass sie gelegentlich vor Zorn oder Hass flammen oder das brennende Licht hoher Intelligenz zeigen könnten. Selten, dachte er, während ihr Blick teilnahmslos auf ihm ruhte, würden sie sanfter werden.

„ Tamada ", fragte er, „glaubst du, ich bin dein Freund, dass ich dir lieber helfen würde als anders?"

"Ich denke ja?" antworteten die Japaner ohne zu zögern und ohne Unterwürfigkeit. Und seine Augen suchten für ein oder zwei Sekunden langsam und abschätzend hartnäckig Raineys Gesicht. Sein Englisch war, abgesehen von den seltsamen Redewendungen und einem Grat, der aus den meisten seiner *ls ein r machte* und manchmal den Prozess umkehrte, nahezu perfekt. Sein Vokabular zeugte von Gelehrsamkeit. „Sie hassen mich nicht, weil Sie Kalifornier sind und ich Japaner", sagte er. "Ich weiß, dass."

Da nur wenig Zeit übrig blieb und die Gefahr einer Unterbrechung bestand, stürzte sich Rainey ohne weitere Einführung auf sein Thema.

„Sie haben dir einen Anteil an diesem Schatz versprochen, Tamada ?" er hat gefragt.

„Das haben sie mir versprochen, ja."

„Sie haben nicht vor, es dir zu geben." In den dunklen Augen gab es ein winziges, tanzendes Flackern, das wie ein Funke in der Nachtluft erstarb. Rainey erinnerte sich an Lunds Meinung, dass es kaum etwas gab, was Tamada nicht wusste. „Das haben Sie vielleicht schon erraten", fuhr er eilig fort, „aber ich bin mir dessen sicher. Auch mir wird ein Teil des Goldes versprochen, aber sie haben nicht die Absicht, es mir zu geben. Sie werden Herrn Lund nur einen anbieten." kleiner Teil von dem, was ursprünglich vereinbart wurde, derselbe Betrag wie der Rest. Er wird das morgen ablehnen, wenn eine Sitzung einberufen werden soll. Dann wird es Ärger geben. Ich werde Herrn Lund zur Seite stehen. Wenn wir gewinnen, bekommen Sie Ihren Anteil, egal, ob Sie uns helfen oder nicht. Wenn Sie uns helfen , kann ich Ihnen mindestens das Doppelte des Betrags versprechen, den Sie bekommen sollten."

Besprechung besprochen werden soll, darf ich nicht anwesend sein. Wenn es zu Problemen kommt, geschieht dies sofort. Herr Lund" – er nannte es „ Rund " – „ist kein geduldiger Mann." . Was kann ich tun? Wie kann ich Ihnen helfen?"

Rainey war verblüfft. Er hatte die erste Gelegenheit genutzt, die Japaner zu befragen, und er hatte nichts dargelegt.

„Ich weiß es nicht", sagte er. „Ich muss das mit Herrn Lund besprechen. Ich wollte wissen, ob Sie auf unserer Seite wären."

„Herr Lund wird nicht wollen, dass ich Ihnen helfe. Er mag meine Hautfarbe nicht, er mag Japaner nicht, weil er denkt, dass sie in Kalifornien zu gut leben und mehr Geld verdienen als einige seiner Landsleute. Das tue ich nicht." Ich denke, es hilft Ihnen, wenn ich mitmache. Ich sehe nicht, wie Sie gewinnen können. Wenn Sie einen Ausweg aufzeigen können, werde ich tun, was ich kann. Aber ich sehe gerne einen Ausweg."

Er besänftigte die unverblümte Anerkennung seiner Neutralität mit einer kleinen Verbeugung und einem zischenden Atemzug. Dahinter steckte ein unbeugsamer Wille, dachte Rainey.

„Wenn wir verlieren, verlieren Sie", fuhr er lahm fort. Er war zu einem dummen Auftrag gekommen, entschied er.

„Ich glaube, ich werde mein Geld bekommen", sagte Tamada , und etwas blickte aus seinen Augen, das ein bereits erreichtes Ziel verriet, bildete sich Rainey ein, so wie ein Schachspieler sich seines Sieges sicher sein könnte, indem er vorausschauend auf alle denkbaren Züge gegen ihn blickte. und Bereitstellung eines Gegenspiels, das das Spiel erreichen würde. Ihm wurde klar, dass Tamada über Ressourcen verfügte, die er nicht ergründen konnte. Der Orientale schenkte ihm ein schnelles Lächeln, das weder Heiterkeit noch

Freundschaft verriet, sondern eher eine hämische Wertschätzung der Situation, ohne Groll.

„Sie sind sehr dumm", sagte er. „Sie lassen mich kochen, sie essen, was ich serviere. Sie sagen, Tamada sei ein sehr guter Koch. Aber er ist ein Japaner, verdammt noch mal. Angenommen, ich würde etwas in das Essen tun, das ihnen nicht schmeckt? Ich könnte sie alle einschläfern lassen." Ich könnte sie töten. Ich könnte es tun, damit sie keinen Verdacht schöpfen, sondern zu ihren Betten gehen – und nie wieder aufstehen. Das wäre sehr einfach. Und doch vertrauen sie mir."

Die Aussage war so sachlich, dass Rainey spürte, wie sein Entsetzen langsam zunahm, als er den teilnahmslosen Orientalen anstarrte.

„Das würdest du tun? Was würde es dir nützen? Du müsstest sie alle töten, sonst würde der Rest dich zerreißen. Und wenn du das ganze Schiff ermorden würdest, wo wärst du? Du redest, als wärst du ein bisschen verrückt." . Angenommen, ich hätte Carlsen davon erzählt?"

Tamada lächelte wieder. Er schien zu wissen, dass Rainey nicht in der Lage war, ihn zu verraten – wenn er es wollte.

tun würde. Und außer unter bestimmten Umständen nützt es mir wenig Nur wenige, zum Beispiel diejenigen, die bei dem Treffen dabei sein werden, auch wenn ich es wünsche. Nein, ich sehe keinen Ausweg. Wenn es irgendwann einmal einen Ausweg geben sollte und ich Ihnen helfen kann, werde ich es tun."

Er wandte sich abrupt einem köchelnden Topf zu und rüttelte am Deckel. Der Jäger Deming steckte seinen Kopf durch die Tür.

„Riecht gut", sagte er. „Guten Abend, Mr. Rainey."

Tamada zu erregen . Was meinte Tamada mit „außer unter bestimmten Umständen"? fragte er sich. Zum einen war er sicher, dass Tamada eine Grundlage dafür hatte expression, dass er sein Geld bekommen würde. *Er wusste etwas* . War es lediglich die orientalische Methode des *Jiu-Jitsu* , die sowohl geistig als auch körperlich praktiziert wird , der Glaube an einen scheinbar passiven Widerstand gegen die Umstände, der auf eine Bewegung wartet, die ihm durch seine eigene Aggressivität die Möglichkeit für einen Trick verschafft, der ihn sichert? ihm der Vorteil? Was könnte ein Japaner gegen die Menge ausrichten?

Plötzlich schoss Rainey ein Gedanke durch den Kopf. War Tamada mit Carlsen im Bunde? Hatte er seinen Mann getäuscht? Hatte Carlsen vor, Tamada eine Massenvergiftung durchführen zu lassen, um sich das Gold selbst zu sichern und die Medikamente bereitzustellen? War es ein freundlicher Hinweis der Japaner?

Noch immer darüber nachdenkend, ging er zum Abendessen hinunter. Das Mädchen war nicht anwesend. Carlsen erschien in einer ungewöhnlichen Stimmung.

„Ich war etwas voreilig, Rainey", sagte er mit allem Anschein von Aufrichtigkeit. „Ich habe mir ein bisschen Sorgen um den Kapitän gemacht. Ihm geht es schlecht."

„Vergessen Sie, was passiert ist, wenn Sie können. Ich entschuldige mich. Allerdings halte ich Ihre Einmischung in meine Privatangelegenheiten immer noch für ungerechtfertigt. Wenn Sie so wollen, würde ich es als ehrlich bezeichnen."

Er nickte Rainey über den Tisch hinweg zu und ersparte diesem eine Antwort, bei der er nicht wusste, wie er sie formulieren sollte. Annehmlichkeiten von Carlsen waren wahrscheinlich ein griechisches Geschenk. Und Carlsen plapperte während des Essens in bester Laune weiter, erzählte Rainey von seinem Pokerspiel mit den Jägern, scherzte Lund über seine Schießerei und redete von der Landung, die sie am nächsten Tag erwarteten.

Zu Raineys Überraschung nahm Lund das Gespräch auf. Es hatte auf beiden Seiten einen subtilen, sardonischen Beigeschmack, und hin und wieder, als Tamada wie eine belebte Sphinx seinen Pflichten nachging, sah Rainey, wie sich die Augen von Carlsen fragend auf den Riesen richteten, als wäre er ein wenig verwirrt darüber genauen Geist seiner Ausfälle.

Rainey bewunderte und staunte gleichzeitig über das schiere Können von Lund in einem solchen Fechtkampf. Er ging nie weit genug, um Carlsens Misstrauen zu erregen, und doch zeigte er einen ausgeprägten Sinn für humorvolle Wertschätzung für Carlsens halbsatirische Ausfälle, die im Lichte von Sandys Offenbarung zeigten, dass der Arzt sich für den Herrn der Situation, den Gewinner eines Spiels hielt deren Figuren bereits auf dem Brett standen, obwohl die Spieler ihre Plätze noch nicht eingenommen hatten. Dennoch bildete sich Rainey ein, dass Carlsen seine Entlassung Lunds als „blinden Narren" qualifizierte, bevor sie sich vom Tisch erhoben, ohne seinen eigenen Gleichmut als den schlaueren der beiden zu stören.

Später, als seine Wache zu Ende war und er mit Lund in dessen Kabine eingesperrt war, unterbrach der Riese umgehend jede Diskussion über Tamadas Verhalten.

„Ich werde keinem schrägäugigen, gelbhäutigen Reisfresser vertrauen", verkündete er mit Nachdruck. „Sie sind gegen uns, Rasse und Religion. Sie wollen Kalifornien, oder besser gesagt, die Pazifikküste, und sie glauben, dass sie es schaffen werden. Sie sind uns nicht ähnlicher, als eine Schlange ein Cousin ist." zu einem Aal. Sie sind nicht von unserer Rasse, und man kann die beiden nicht vermischen. Ich werde mit Tamada nichts zu tun haben , außer ihm Drogen zu entlocken . Wenn er uns geholfen hat, würde es nur weitergehen seine eigenen Ziele. Nicht, dass er viel tun kann – es sei denn – "

Er senkte seine Stimme zu einem heiseren Flüstern.

„Eines könnte uns bei der Goldgewinnung entgehen , Kumpel " , sagte er – „die Japaner. Ich bezweifle, dass diese Insel auf amerikanischen oder britischen Karten verzeichnet ist. Aber ich wette, dass es auf den japanischen Karten steht. Ich glaube nicht." Ich weiß es nicht, da irgendeine Nation es offen beansprucht hat, aber es ist sicher, dass die Japaner von ihrer Existenz wissen. Sie wissen nichts von dem Gold, sonst wäre es nicht da. Zu Recht könnte die Insel zu Russland gehören, aber Seit dem Krieg geht es Russland schlecht, und alles, was vom Festland losgeht , wird von Japan verschlungen.

„Was die Japaner schnappen, lassen sie nicht los. Grundsätzlich patrouillieren sie auf der Westseite der Beringstraße. Wenn eine ihrer Patrouillen uns sieht , sind wir innerhalb der Sperrgrenze , und sie haben das Recht darauf." Suchen. Sie würden es nehmen, wenn sie uns gesichtet hätten. Sie gehen mit *der Kraft* der Suche vor, nicht richtig. Sie werden bei uns keine Enny -Felle finden, wir haben Jäger an Bord, wir sind pelagische Robbenjäger, sie haben gewonnen Ich kann nicht auflegen, Enny Clubbin ' von Herden auf uns.

„Aber wenn sie uns verdächtigen sollten, dass wir Gold von Enny Island wegschmuggeln , könnten sie Trump als ihr eigenes bezeichnen. Wenn sie überhaupt Gold bei uns finden würden, wäre es mit uns und den *Karluk los* . Wir würden es tun in irgendein japanisches Gefängnis geworfen und der Schoner beschlagnahmt werden.

„Und wenn es bei uns gut läuft und wir jemals den Rauch eines japanischen Kanonenboots sehen, das auf uns zukommt , werde ich wahrscheinlich als Erstes abhauen. " Tamada , oder er wird die ganze Sache vermasseln, egal, ob wir das Gold an Bord haben oder nicht. Selbst wenn er es nicht verraten wollte, weil er seinen eigenen Anteil hatte, würden sie ihm ausreden, was wir wollten .

Erklärte dies, fragte sich Rainey, Tamadas „bestimmte Umstände"? Rechnete er mit der Ankunft einer japanischen Patrouille? Hatte er seinem Konsul in San Francisco bereits den Zweck der Expedition mitgeteilt und war sich einer Belohnung in Höhe seines Anteils sicher? Wenn ja, dann hatte Rainey seinen Versuch, Tamada zu klingen, vermasselt . Er fühlte sich schuldig und war froh, dass Lund sein Gesicht nicht sehen konnte, und ließ das Thema abrupt fallen.

Lund schien zu wissen, dass etwas nicht stimmte.

„Nervös, Rainey?" er hat gefragt. „Das liegt daran, dass du nicht das Leben eines Mannes gelebt hast. Alle deine Erfahrungen sind aus zweiter Hand, und du bist noch nie in Schwierigkeiten geraten, nehme ich an. Du wirst schon klarkommen." Wenn es überhaupt dazu kommt. Du bist gut aufgestellt und hast in letzter Zeit eine solide Leistung erbracht. Jetzt bist du es Ich werde einen Vorgeschmack auf das Leben im Rohzustand bekommen . Kein Bilderbuchkram. Manchmal handelt es sich um kräftiges Fleisch, das manchen Leuten den Magen umdrehen kann. Ich habe Appetit darauf, und nach einer Weile wirst du auch Appetit haben.

„Haben Sie schon einmal viel Karten gespielt?" Er ging weiter. „Spielen Sie um Ihr letztes Rot, wenn Sie nicht wissen, wohin Sie sich für ein anderes wenden sollen, und lassen Sie die ganze Menge an Sie denken ." Sind sie pleite, während sie sich das Stück ansehen? Und dann schlägst du eine Karte hin, die alle übersehen haben, und schmeißt dem anderen Kerl ins Gesicht?

„Das werde ich mit Carlsen machen. Ich habe so eine Karte, Kumpel , und das habe ich nicht." Ich werde mir den Spaß verderben, indem ich sogar dir erzähle , was es ist, obwohl du mein Partner in diesem Glücksspiel bist. Es ist ein Trumpf, und Carlsen hat es übersehen. Er geht davon aus , dass er den Stapel gestapelt und repariert hat, sodass er sich alle Gewinnkarten selbst austeilt . Aber es gibt einen, von dem er nicht weiß, weil er ein noch blinderer Idiot ist als ich, nämlich Doktor Carlsen.

Lund lachte laut, während er sich Whiskey und Wasser mixte. Rainey lehnte einen Drink ab. Lund hatte recht, er war nervös und machte sich Gedanken darüber, wie das Ergebnis aussehen würde und wie er mit sich selbst umgehen würde. Er war sich seiner eigenen Stärke überhaupt nicht sicher.

Lund hatte den Nagel auf den Kopf getroffen. Seine ganze Erfahrung bestand darin, den Geschichten anderer zuzuhören und sie aufzuschreiben. Er wusste nicht, ob er so handeln würde, dass er selbst zufrieden wäre. Es gab einen bösen Zweifel an seinem eigenen Können und seinem eigenen Mut, der immer wieder auftauchte. Und dieser Geisteszustand ist nicht angenehm.

„Alles wird dieses Mal vorbei sein , ter-morrer ", warf Lund ein, „soweit es unsere Beziehung zu Carlsen betrifft. Du ." Schlaf so viel du kannst , Rainey . Und mach dir keine Sorgen um dieses Mädchen. Sie ist verdammt viel fähiger, auf sich selbst aufzupassen , als Sie sich vorstellen können. Du hast sie nicht als mehr als ein anhängliches Angebot angesehen. Nicht, dass sie sich alleine dagegen wehren könnte, aber sie ist keine Idiotin, und ich wette, sie ist bereit.

„Sanft zu ihr?" er forderte unerwartet heraus.

„So habe ich sie noch nie gesehen", antwortete Rainey etwas kurz.

"Ah!" stieß der Riese leise aus. „Hast du nicht? Wal, vielleicht ist es auch ein Scherz."

Rainey nahm diese letzte Bemerkung an Deck auf und dachte während der Mittelwache darüber nach, konnte aber nichts daraus machen. Dennoch war er sicher, dass Lund damit etwas gemeint hatte.

Mitten in der Nacht schien sich die Kälte zu konzentrieren. Rainey hatte Fäustlinge in der Truhe des Schoners gefunden und war froh, sie am Steuer zu haben. Die Matrosen, die kaum etwas zu tun hatten, drängten sich nach vorn. Ein Mann fungierte als Ausguck nach Eis. Der Geruch war jetzt selbst für Raineys Unerfahrene unverkennbar. Bei bestimmten Windrichtungen würde eine schärfere Kante durch normale Kleidung hindurchgehen. Es war, dachte er, als hätte jemand im Dunkeln plötzlich die Türen eines riesigen Kühlschranks geöffnet. Er wusste, wie sich das anfühlte, und das war im Großen und Ganzen das Gleiche.

Das Wetter klarte immer noch auf. Am indigoblauen Himmel waren die Sterne glitzernde Punkte, nicht aus Gold, sondern aus Stahl, hart und kalt. Vor uns wurden die Nordlichter in einem niedrigen Bogen aus zitternden Rosen über den Horizont projiziert. Und aus dem Norden, vor dem Wind, rückte das Meer in den langen, glatten Falten einer gewichtigen Dünung vor, über die sich die *Karluk* in die Brise bahnte und sich stetig an die Aleuten und eine Durchfahrt zur Beringstraße klammerte.

Bei zwei Glocken kamen die Jäger an Deck, um nach der Enge in ihren Quartieren ein wenig frische Luft zu schnappen, wie sie es immer nach einer Pokersitzung taten. Sie kamen nicht nach hinten und grüßten Rainey nicht, sondern gingen zügig zu zweit umher und besprachen etwas, von dem Rainey nicht zweifelte, dass es sich um das Treffen am nächsten Tag handelte. Zweifellos betrachteten sie es im Vertrauen ihrer großen Zahl als reine Formsache. Lund würde annehmen, was sie ihm anboten – oder nichts. Und Carlsen hatte die Unterschrift des Kapitäns unter einer Vereinbarung garantiert.

Sie füllten ihre Lungen mit guter Luft, und dann trieb die Kälte sie nach unten, und Rainey war mit der Länge des Schoners zwischen ihm und der Wache praktisch allein. Er ging die Situation immer wieder durch, wie ein Eichhörnchen um die Stäbe seines sich drehenden Zylinders rennen würde, und kam zu dem einzigen Schluss, dem Unvermeidlichen: der Sache ihren Lauf zu lassen. Lunds Gewinnkarte hatte ihn beschäftigt, bis sein Gehirn erschöpft war. Das Einzige, was er aus all seiner Aufregung herausholte, war der eine neue Gedanke, der plötzlich aus ihm herausflog und ihn verspottete.

Wenn Carlsen abgesetzt wurde und der Kapitän weiterhin krank war – um das Schlimmste zu befürchten, das aber immer noch plausibel war – wenn Carlsen nach seiner Absetzung sich weigerte zu handeln und der Kapitän zu krank war, um sein Zimmer zu verlassen – wer sollte den Schoner steuern? Kein Blinder. Und Rainey konnte Navigation nicht an einem Tag lernen. In diesen gefährlichen Meeren ging es um mehr als nur eine Abrechnung. Eis war voraus.

Was könnte Lund daraus machen? Angenommen, seine Karte hätte gewonnen, wie könnten sie dann mit dem Schoner umgehen? In seiner Fähigkeit, Lund zu sehen, wäre er ungefähr so kompetent wie ein Pudel, der versucht, einen blinden Händler aus einem Labyrinth zu führen.

Der Ausguck unterbrach seine Überlegungen mit einem plötzlichen Schrei.

„ *Eis! Eis!* Nah am Steuerbordbug!"

Rainey legte das Ruder um und warf die *Karluk* auf die Gegenseite.

Der Berg glitt an ihnen vorbei, nicht so, wie er es sich vorgestellt hatte, ein Ding aus funkelnden Minaretten und Zinnen, sondern ein Hügel aus Schnee, der in der sanften Dunkelheit materialisierte und wieder davonschwebte, um sich aufzulösen wie der Geist einer Insel und die bittere Kälte zurückließ des Todes, stieg und fiel, bis es in einem Moment verschwunden war, mit der Gefahr eines Schiffbruchs, wenn die Nacht weniger klar gewesen wäre.

Fünfmal vor acht Glocken ertönte der Ruf von vorn, und die Haufen aus strahlendem Weiß nahmen Gestalt an, nahmen eine gewisse Schärfe der Umrisse an und gingen an dem Balken vorbei, während die Meere um sie herum wogten und mit einem hohlen Knall an ihren höhlenartigen Seiten brachen. Und das war auf offener See. Lund hatte vorgeschlagen, dass die Meerenge voller Eis sein würde. Rainey hatte das Gefühl, dass seine Segelerfahrung, auf die er ziemlich stolz war, angesichts der kommenden Bedingungen erbärmlich begrenzt und unzureichend war.

Als er schließlich nachgab, wollte er trotz seiner Entschlossenheit, Lunds Ermahnung bezüglich des Schlafs zu befolgen, nicht einschlafen. Hansen hatte das Deck ruhig genug übernommen, ohne den Anschein zu erwecken, dass er Zweifel an seiner Fähigkeit hatte, mit den Dingen umzugehen, aber seine Worte hatten Rainey nicht gerade aufgemuntert.

„Von nun an gibt es jede Menge Eis, Mr. Rainey. Jetzt müssen wir bestimmt noch einen harten Kerl an den Händen haben , bei dir , du und ich!"

KAPITEL IX

DER TOPF KOCHT

Rainey wurde um halb acht durch den schnellen Ansturm der Männer an Deck und verwirrtes Geschrei geweckt. Die Sonne schien hell durch sein Bullauge und dann wurde es plötzlich dunkel. Er schaute hinaus und sah keine halbe Kabellänge vom Schoner entfernt eine turmartige Eismasse, auf deren Hügeln und Tälern Wasser in Kaskaden ergoss, deutlich genug zu erkennen, aber so glatt, dass die Wahrheit vor ihm aufblitzte. Hier war ein Berg, der sich plötzlich in eine Schildkröte verwandelt hatte und seine größere Unterwassermasse der Luft preisgab.

Das Meer um ihn herum war dunkel und leuchtend blau, und der Berg funkelte in der Sonne mit prismatischen Reflexen, die seinen Vorsprüngen alle Farben des Regenbogens verliehen, während die Masse wie ein Feueropal leuchtete. Zwischen ihm und dem Schoner tobte das Meer in einer Flut von nachlassendem Aufruhr. Hansen war achtlos zu nah herangesegelt. Der Schwung des *Karluk* und seine leichte Wellenstörung müssen ausgereicht haben, um das Gleichgewicht des Berges zu stören, der nur mit einem Drittel seiner Masse über dem Wasser schwebte. Und die Verdrängung hatte die Seite des Schoners nur knapp verfehlt.

Nachdem er sich warm angezogen hatte, holte er sich eine Tasse Kaffee und ging hinauf. Carlsen und das Mädchen waren ihm vorausgegangen und starrten auf den Eisberg. Der Arzt schien denselben seltenen Humor zu haben wie in der Nacht. Lund stand mit gerümpfter Schnabelnase an der Reling und schnupperte in Richtung der eisigen Felsen, aus denen ein strahlender weißer Flammenstrahl ausstieß, der von kleineren, plötzlichen Aufflackern aus Rubin, Smaragd und Saphir umrahmt war.

„Natürlich, Rainey", rief Carlsen. „Sie hat sich gegen uns gewandt."

„Zu nah, um angenehm zu sein", sagte Rainey und ging zum Steuer. Das Mädchen hatte ihn angelächelt, aber er bemerkte, dass ihr Gesicht von Schlaflosigkeit und Anstrengung erschöpft war. Rainey überließ die Speichen für eine Minute der Verantwortung für Hansen – Hansen war unbewegt und kaute wie ein Automat, unbeeindruckt von dem Vorfall, nachdem er vorbei war – und fragte das Mädchen, wie es ihrem Vater gehe.

„Ich fürchte –", begann sie und warf dann einen Blick auf Carlsen.

„Es geht ihm überhaupt nicht gut", sagte der Arzt und blickte Rainey an, sein Gesicht von dem Mädchen abgewandt. Während er sprach, ließ er für einen Moment den Mund offen, die Zunge lugte zwischen seinen weißen

Zähnen hervor, und sein Grinsen war so spöttisch wie das eines Wolfes, freudlos, rücksichtslos, triumphierend. Und für eine flüchtige Sekunde stimmten seine Augen mit ihm überein.

Rainey unterdrückte den plötzlichen Wunsch, seine Faust in diese sardonische Maske zu schlagen. Dies war der Tag von Carlsens erwartetem Sieg, dem ersten seiner kalkulierten Züge in Richtung Schachmatt, und er genoss es sichtlich.

„Überhaupt nicht – na ja", wiederholte Carlsen langsam. „Er braucht etwas, das ihn aus sich herausholt, so wie er jetzt ist. Ein wenig Aufregung. Aber er sollte sich auf keinen Fall verärgern lassen. Wir werden sehen."

Er veränderte seine Position und sah das Mädchen an, so wie ein Wolf, der nicht besonders hungrig ist, ein angebundenes Lamm ansehen würde. Seine Zunge berührte gerade die Innenränder seiner Lippen. Es war, als hätte der Wolf sich die Koteletts geleckt.

„Carlsen wäre ein schlechter Verlierer", hatte Lund einmal gesagt, „und ein schlechter Gewinner. Er würde es unter die Lupe nehmen wollen, sobald er wüsste, dass er dich geschlagen hat."

Rainey umklammerte die Speichen fest, bis er den Druck seiner Knochen gegen das Holz spürte. Carlsens Haltung hatte eine gute Wirkung gehabt. Seine Nervosität war verschwunden und eine kalte Wut trat an ihre Stelle. Er hätte fröhlich versuchen können, Carlsen zu erdrosseln, ohne Angst vor seiner Waffe zu haben. Im Übrigen war er schon einmal mit der Pistole konfrontiert worden und hatte dabei am besten abgeschnitten. Was für ein Idiot war er jedoch gewesen, Carlsen seine Automatik zurückgewinnen zu lassen! Jetzt war er gespannt auf die Landung, gespannt auf den Showdown.

Weit am Horizont, im Norden, sah er schimmernde Blitze von milchigem Weiß, die im Rhythmus des Schoners kamen und gingen. Das konnte kein Land sein, entschied er, sonst hätten sie es angekündigt. Es war Eis, Packeis oder Schollen. Er versuchte, sich an alles zu erinnern, was er über Arktisreisen gehört oder gelesen hatte, und es gelang ihm nur, seine eigene Unwissenheit zu begreifen. Der gewöhnlichste Seemann an Bord wusste mehr über die sich schnell ändernden Bedingungen als er. Der blinde Lund, der in Luv schnüffelte, roch und hörte weit mehr, als er sich rechtmäßig vorstellen konnte.

Tamada erschien und kündigte das Frühstück an.

„Kommst du später, Rainey?" fragte Carlsen. „Du und Lund?"

Er machte sich auf den Weg zum Niedergang und das Mädchen folgte ihm. Als sie am Lenkrad vorbeikam, sprach Rainey zu ihr:

„Es tut mir leid, dass es Ihrem Vater schlechter geht, Miss Simms", sagte er.

Sie blickte ihn mit traurigen Augen an, in denen Tränen zu fließen schienen, die tapfer zurückgehalten wurden.

„Ich fürchte, er stirbt", antwortete sie mit leiser Stimme. „Vielen Dank für Ihr Mitgefühl. Ich-"

Bei einem leisen Geräusch, das Rainey nicht verstand, blieb sie stehen. Aber er sah das Gesicht von Carlsen im Schatten des Begleiters, sein Mund war zum Wolfsgrinsen geöffnet und die Augen des Mannes leuchteten purpurrot. Er hob eine Hand für das Mädchen. Sie ging weiter, ohne es zu nehmen.

Lund kam zu Rainey.

„Klares Wetter, sagen sie mir?" er sagte. „Das ist ungewöhnlich. In der Regel sind die Aleuten dreihundertfünfzig Tage im Jahr von Nebel bedeckt . Sobald wir Land sehen, das Unalaska oder in der Nähe sein wird, wird er den Kurs ändern lassen. Es gibt eine beträchtliche Flotte von United." Die Steuereintreiber der Staaten in Unalaska, und Carlsen wird nichts herausholen , bis wir weit westlich von dort sind. Er ist heute Morgen ziemlich übermütig . Wal, wir werden sehen."

Lund hatte schon immer eine gewisse ausgelassene gute Laune gehabt. Heute Morgen war er grimmig, sein Gesicht mit der Schnabelnase und dem aggressiven Kinn unter den flammenden Schnurrhaaren, und sein ganzer prächtiger Körper machte den Eindruck von Entschlossenheit und unterdrückter Tatkraft. Rainey bildete sich skurril ein, dass er in der gewaltigen Masse des Riesen einen Dynamo schnurren hören konnte. Er hatte ihn in offener Wut gesehen, als er Honest Simms zum ersten Mal denunziert hatte, aber die ernste Stimmung war weitaus beeindruckender.

Der große Mann ging wie eine große Katze, sein Kopf war leicht nach vorne geneigt, seine großen Hände waren halb geöffnet. Einer vergaß seine Blindheit. Trotz der unansehnlichen schwarzen Brillengläser wirkte Lund so absolut vorbereitet und auf andere Weise genauso selbstbewusst wie Carlsen. Eine gewisse kühne Selbstsicherheit schien aus ihm auszuströmen, seine Nachbarschaft zu durchdringen, und ein gewisses Maß davon erstreckte sich auch auf Rainey.

„Wir werden zuerst Makushin sehen ", murmelte Lund wie zu sich selbst.

„ Makushin ?"

„Vulkan, 5700 Fuß hoch. Viel Eis in Sicht?"

Rainey beschrieb den Horizont.

„Alles Süßwassereis“, sagte Lund. „ Ein ‚Schmelzen‘.“

„Schmelzen? Es muss weit unter dem Gefrierpunkt liegen“, sagte Rainey. Lund kicherte.

„Das ist nicht kalt, Kumpel . Warte, bis wir *im Norden sind* . Ich habe in Unalaska noch nie in meinem Leben niedrigere Temperaturen als fünf Grad gesehen. Es ist der regenreichste Ort in den USA. An zwei von drei Tagen regnet es regelmäßig . Das Eis kommt. “ ' raus aus der Meerenge. Sicheres Zeichen, dass es auseinanderbricht . Der Winterfrost ist erst in sechs Wochen fällig.

Carlsen hatte, bevor er nach unten ging, einen Mann in die Vorschiffe geschickt, und nun schrie er, legte die Hände ineinander und ließ seine Nachricht ertönen, als wäre es ein Ruf zu den Waffen gewesen.

„ *Land-ho!* “

"Was ist es?" rief Rainey zurück.

„Hoher Gipfel, Sir. Direkt vor uns! Wolken oder Rauch.“

Er rutschte die Fallen hinunter zum Deck, als Lund sagte: „Das wird Makushin sein . Jetzt beginnt der Spaß .“

Von unten kamen die Matrosen, die Wache hatten, an Deck, und die Jäger, die sich frisch von ihrem unterbrochenen Frühstück den Mund abwischten, drängten sich alle herbei, um einen Blick auf das Land zu erhaschen. Rainey blieb auf Kurs und steuerte auf den weit entfernten Vulkan zu. Es vergingen Minuten, bis Carlsen an Deck kam. Er hatte sich beim Essen nicht beeilt.

„Ich übernehme sie, Rainey“, sagte er kurz.

Rainey und Lund saßen kaum, als der Schoner krängte und das Gerangel der Füße von Lunds prophezeiter Kursänderung kündete. Rainey blickte auf den verräterischen Kompass über seinem Kopf.

„Wir fahren genau nach Westen“, sagte er zu Lund.

„Westen ist es“, sagte der Riese. „Mehr Kaffee, Tamada . Füllen Sie Ihren Bauch, Rainey. Gönnen Sie sich eine gute Mahlzeit, während das Essen gut ist.“

Obwohl es unten Hansens Wache war, fand Rainey ihn am Steuer statt des Matrosen, den er dort zurückgelassen hatte. Carlsen kam lächelnd auf ihn zu.

„Überlassen Sie das Deck besser Hansen, Mr. Rainey“, sagte er. „Wir werden um vier Uhr morgens eine Konferenz in der Kabine abhalten, und ich möchte, dass Sie anwesend sind.“

„In Ordnung, Sir", antwortete Rainey und war bei dieser ersten tatsächlichen Andeutung des Treffens begeistert. Hansen sollte offenbar nicht zu den Vertretern der Seeleute gehören. Und Carlsen war klug genug, Lunds Forderung nach Rainey zuvorzukommen, indem er dem Riesen etwas Wind aus den Segeln nahm und das Unerwartete tat. Es sei denn, die Jäger hätten Raineys Anwesenheit vorgeschlagen. Aber das war kaum wahrscheinlich, wenn man bedenkt, dass er von dem Geschäft ausgeschlossen werden sollte.

„In welcher Funktion berufen Sie diese Konferenz ein?" fragte Lund, als Carlsen ihn wiederum benachrichtigte. „Der Kapitän ist es nicht tot ist er?"

„Ich vertrete den Kapitän Lund", antwortete der Arzt. „Er ist voll und ganz mit dem einverstanden, was ich Ihnen und den Männern vorschlagen werde. Tatsächlich habe ich seine Unterschrift auf einem Dokument, das Sie hoffentlich auch unterzeichnen werden. Es wird sehr in Ihrem Interesse sein, dies zu tun. Ich trage derzeit die Verantwortung." des *Karluk* .

„Sie sind kein reguläres Mitglied dieser Expedition", wandte Lund unbeirrt ein. „Ich bin im Moment auch kein Mitglied der Crew. Aber der Skipper ist mein Partner in diesem Deal, unterzeichnet, besiegelt und protokolliert. Bevor ich zu Enny gehe Ich würde mich gerne persönlich mit ihm unterhalten . Das ist doch fair, nicht wahr ?"

Mehrere der Jäger hatten sich versammelt, und Lunds Frage schien ein allgemeiner Appell zu sein. Carlsen zuckte mit den Schultern.

„Wenn Sie Ihr Sehvermögen hätten", sagte er fast brutal, „konnten Sie bald erkennen, dass der Kapitän nicht in der Lage war, Angelegenheiten zu besprechen, geschweige denn anwesend zu sein."

„Hier ist meine Sehkraft", entgegnete Lund. „Mr. Rainey hier. Lassen Sie ihn den Kapitän sehen und ihm ein oder zwei Fragen stellen."

„Was für eine Frage? Ich stelle sie als sein Arzt, Lund."

„Zum einen, wenn er das Papier gelesen hat , von dem Sie sagen, dass er es unterschrieben hat. Da will ich sicher sein. Und ich mache mir keine Sorgen um das alte Geschäft , Carlsen , was ich meinem Partner sagen möchte, sei es durch einen Stellvertreter oder auf andere Weise." Zweitens möchte ich sicher sein, dass er noch am Leben ist. Was deine Rolle als sein Arzt angeht, kann ich nur sagen, dass du ein verdammter Arzt bist, was den Skipper angeht, ärgerlich . "

Die beiden Männer standen einander gegenüber, Carlsen blickte den Riesen böse an, dessen schwarze Brille seinen Blick abwehrte. Es war verschwendete Blicke, einen blinden Mann anzustarren. Ebenso höhnisch. Aber der Kampf zwischen den beiden war nun zeitlich festgelegt, und beide legten jeden Anschein von Diplomatie beiseite, und ihre Feindschaft zeigte sich deutlich. Die Angelegenheit wurde immer angespannter.

Rainey vermutete, dass Carlsen sich seiner Gefolgschaft nicht ganz sicher war, und verließ sich auf Lunds empörte Weigerung, Bedingungen zu erfüllen, um seine Pläne, ihn endgültig loszuwerden, zu untermauern.

KAPITEL X

DER SHOW-DOWN

„Rainey kann den Kapitän sehen", sagte Carlsen nachlässig.

„In Ordnung", sagte Lund. „Wirst du das tun, Rainey? Jetzt?" Und Rainey hatte flüchtig die Vorstellung, dass der Riese ihm mit einem seiner blinden Augen zuzwinkerte, obwohl die schwarzen Brillengläser täuschten.

Er ging sofort nach unten und klopfte an die Tür, ein wenig überrascht, das Mädchen in der Öffnung erscheinen zu sehen. Er hatte damit gerechnet, den Kapitän alleine vorzufinden, und er war sich ziemlich sicher, dass Carlsen das auch erwartet hatte. Der abgespannte Ausdruck ihres Gesichts, das angespannte, schwache Lächeln, mit dem sie ihn begrüßte, der hoffnungslose Ausdruck in ihren Augen erschreckten ihn.

„Ich wollte deinen Vater sehen", sagte er mit leiser Stimme.

Sie sagte ihm, er solle eintreten.

Kapitän Simms lag offenbar bis auf seine Schuhe vollständig bekleidet in seiner Koje. Seine Wangen waren eingefallen, unter seinen geschlossenen Augen zeichneten sich dunkle Vertiefungen ab, die Knochen seines Schädels ragten hervor und sein Fleisch hatte die Farbe von Lehm. Rainey glaubte, dass er sich in der Gegenwart des Todes selbst befand. Er sah das Mädchen an.

„Er ist benommen", sagte sie. „Seit letzter Nacht, nach einem Zusammenbruch, geht es ihm so. Ich kann seinen Puls kaum noch finden, aber sein Atem ist darauf zu sehen."

Sie holte einen kleinen Spiegel hervor, kaum größer als ein Dollar, und hielt ihn vor die Lippen ihres Vaters. Als sie es wegnahm, sah Rainey eine Spur von Feuchtigkeit.

„Carlsen kann ihn nicht wecken?" er hat gefragt.

„ Kann nicht – oder will nicht", antwortete sie mit einer Stimme, die trotz aller Niedergeschlagenheit einen harten Klang hatte. Rainey warf einen Blick zur Tür. Es war geschlossen.

"Was meinst du damit?" fragte er leise.

Sie sah ihn an, als würde sie seine Abhängigkeit abschätzen.

„Ich weiß es nicht", antwortete sie dumpf. „Ich wünschte, ich hätte es getan. Vaters Krankheit begann mit Ischias, weil er Kälte und Feuchtigkeit ausgesetzt war. Während der Zeit, als Karluk *in* San Francisco war, ging es ihm besser, obwohl er einige schwere Anfälle hatte. Er sagte, dass Doktor Carlsen ihm Linderung verschafft habe. Ich weiß Das tat er, denn es gab zunächst Tage, an denen Vater wegen der Schmerzen im Bett bleiben musste. Es war in seinem linken Bein, und dann zeigten sie sich in schrecklichen Kopfschmerzen, und er klagte über Schmerzen im Herzen. Aber er war entschlossen Die Reise, und Doktor Carlsen garantierte, dass er ihn durchbringen könnte. Aber in letzter Zeit schien der Arzt unsicher zu sein. Er spricht von perversen Nervenfunktionen und hat einen enormen Einfluss auf seinen Vater erlangt.

„Sie haben gehört, was er gesagt hat, als – in der Nacht, als er versuchte, Sie zu erschießen? Sehen Sie, ich vertraue Ihnen in all dem, Mr. Rainey. Ich *muss* jemandem vertrauen . Wenn ich es nicht tue , kann ich es nicht ertragen. Ich Ich glaube, ich werde manchmal verrückt. Der Arzt hat sich verändert. Es ist, als wäre er eine Doppelpersönlichkeit – wie Jekyll und Hyde – und jetzt ist er immer Hyde. Es ist das Gold, das sein Gehirn, sein gesamtes Verhalten von dem abweicht, was er ist war in Kalifornien, bevor Vater zurückkehrte und von der Insel erfuhr. Er sagte gestern Abend, dass er Vater retten könne oder – oder – dass er Vater sterben lassen würde. Ich sagte ihm, es sei purer Mord! Er lachte. Er sagte, er würde ihn retten – zu einem Preis.“

Sie hielt inne und Rainey füllte die Lücke, sicher, dass er Recht hatte.

„Wenn du ihn heiraten würdest?“

Das Mädchen nickte. „Vater wird alles tun, was er ihm sagt. Manchmal denke ich, dass er Vater foltert und ihn nur ablöst, wenn Vater verspricht, was er will. Sonst könnte ich es nicht verstehen. Gestern Abend hat mich Vater gebeten, das zu tun. Nicht wegen irgendeiner Drohung – er hat es getan.“ Er schien sich keiner Hinterlist bewusst zu sein. Er sagte mir, er betrachte den Arzt als einen Sohn, dass es ihn glücklich machen würde, wenn ich ihn heiraten würde – jetzt. Dass er die Zeremonie durchführen würde. Dass er nicht glaube, dass er lange leben würde er wollte mich mit einem Beschützer sehen.

„Es war schrecklich. Ich wage nicht, etwas gegen den Arzt anzudeuten. Es löst einen Nervenanfall aus. Gestern Abend verursachte meine Weigerung Krämpfe und dann – den Zusammenbruch! Was kann ich tun? Wenn ich das Opfer gebracht habe , wie soll ich es dem Doktor sagen?“ Carlsen könnte – *würde* ihn retten? Was soll ich tun?“

Sie litt unter Qualen der Selbstbefragung und des Zweifels.

„Ihn da liegen zu sehen – so. Ich kann es nicht ertragen.“

„Miss Simms", sagte Rainey, „Ihr Vater ist nicht bei Verstand, sonst würde er Carlsen genauso sehen wie Sie, so wie ich. Carlsens Gehirn wird von der Verlockung des Goldes verdreht. Wenn er Sie heiratet, glaube ich, dass das der Fall ist." Nur für deinen Anteil, für das, was du von deinem Vater bekommst. Es kann nicht richtig sein, etwas Falsches zu tun. Es könnte nichts Gutes dabei herauskommen. Aber – heute Morgen könnte etwas passieren – ich kann dir nicht sagen, was. Das weiß ich nicht Ich weiß es, außer dass Lund gegen Carlsen antritt. Das könnte die Sache ändern."

„Lund", sagte sie verächtlich. „Was kann er tun? Und er hat meinen Vater beschuldigt, ihn im Stich gelassen zu haben. Ich –"

Es klopfte an der Tür und sie begann sich zu öffnen. Carlsen trat ein.

„Ah", sagte er. „Ich vertraue darauf, dass ich Sie nicht gestört habe. Ich hatte keine Ahnung, dass ich ein Tête-à-Tête unterbrechen sollte. Sind Sie mit dem Zustand des Kapitäns zufrieden, Mr. Rainey?"

Rainey blickte dem spöttischen Teufel direkt in die Augen, und seine Verachtung wuchs so schnell, dass Carlsens Hand vom Türpfosten in Richtung seiner Hüfte glitt. Dann lachte er leise.

„Vielleicht schaffen wir es, ihn wieder zu sich zu bringen, wer weiß?" er sagte.

Rainey ging wütend, aber machtlos an Deck. Er erzählte Lund kurz von dem Gespräch zwischen ihm und Peggy Simms und beschrieb die allgemeinen Symptome der seltsamen Krankheit des Kapitäns. Es war neun Uhr, eine Stunde bis zum Treffen. Er ging in sein eigenes Zimmer, setzte sich rauchend auf die Koje und versuchte, das Rätsel zu lösen. Wenn Carlsen ein potenzieller Mörder war und Simms sterben lassen wollte, warum sollte er dann das Mädchen heiraten wollen? Er dachte, er hätte dieses Problem gelöst.

Als seine Frau würde Carlsen ihren Anteil behalten. Wenn er sie hergab, würde es in die gemeinsame Handtasche fließen. Aber wenn er erwartet hätte, die Männer aus der Sache herauszuholen, wäre das unnötig. Hat er das Mädchen wirklich geliebt? Oder vermischte sich seine Gier nach Gold mit der Leidenschaft, sie zu besitzen? Er könnte wissen, dass das Mädchen sich umbringen würde, bevor sie sich der Schande unterwerfen würde. Vielleicht wusste er, dass sie die Mittel dazu hatte!

Eines wurde von größter Bedeutung. Um Peggy Simms zu retten. Lund könnte um das Gold kämpfen; Rainey würde für die Heiligkeit des Mädchens kämpfen. Und mit dieser Entschlossenheit ging Rainey in die Hauptkabine.

Carlsen übernahm den Kopf des Tisches. Lund stand ihm am anderen Ende gegenüber. Alle sechs Jäger waren als privilegierte Charaktere anwesend, aber nur drei der Seeleute, die unbeholfen und unsicher waren, weil sie achter waren. Die Neun mit Rainey stellten sich auf beiden Seiten des Tisches auf, fünf und fünf, mit Rainey rechts von Lund.

Tamada hatte Alkohol, Gläser und Zigarren mitgebracht und ging weiter. Die Tür zwischen der Hauptkabine und dem Korridor, der zur Kombüse führte, wurde von Deming hinter ihm verschlossen. Das Mädchen war nicht anwesend. Dennoch war ihr Anteil ein wichtiger Faktor.

Lund saß mit verschränkten Armen da, sein toller Körper entspannte sich. Nachdem nun der Tisch gedeckt, alle Karten ausgeteilt und das erste Spiel anstanden, ließ der Riese seine Anspannung los. Sogar sein grimmiges Gesicht wurde ein wenig weicher. Er schien die Angelegenheit mit einer gewissen Portion Humor zu betrachten, gepaart mit der Begeisterung eines Spielers, der das Spiel liebt, egal ob es um Tod oder Dollar geht.

Carlsen hatte ein Papier in der Hand, verschob die Verlesung jedoch, bis er vor der Versammlung gesprochen hatte.

„Ein Schiff", sagte er, „ist eine kleine Gemeinschaft, eine Welt für sich. Für ihre Sicherheit ist jedes Mitglied eine Notwendigkeit, der Ausguck ebenso wie der Mann am Steuer, der einfache Seemann, der Navigator. Und wenn a „Wenn ein Schiff eine bestimmte Berufung ausübt, sind diejenigen, die als Experten auf diesem Gebiet eingestellt werden, ebenso wichtig wie die anderen."

„Vom Kapitän bis zum – Koch?" sagte Lund gedehnt.

„Jeder ist auf die Pflichterfüllung seines Kameraden angewiesen", fuhr Carlsen fort. „ So entsteht eine absolute Gleichheit. Da die Verantwortung eines jeden Menschen gleich ist, sollte auch seine Belohnung gleich sein. Mir scheint, dass dieser Stand der Dinge an Bord der *Karluk natürlicher erreicht wird* als anderswo. Wir sind eine kleine Firma, und nicht leicht zu spalten. Der Wille der Mehrheit kann leicht zum Willen aller werden, kann leicht angewendet werden.

„Die Bezahlung aller Dienstleistungen auf dieser Reise erfolgt aus einer unbestimmten Menge Gold, die die Natur, die Mutter von uns allen, aus einer Tiefseeader an einen Strand gespült und so deponiert hat, in der Absicht, dass alle ihre Kinder ihr Erbe teilen sollen." auf einer unbekannten, nicht beanspruchten Insel. Sie wird von einem Indianer entdeckt, die Entdeckung wird an einen anderen weitergegeben.

„ Ich meinte mich." Lund schien Spaß zu haben. Trotz der Tatsache, dass Carlsen den Vorsitz führte und offensichtlich die Eigenschaften eines Anführers annahm, trotz der Tatsache, dass zehn der zwölf am Tisch gegen ihn aufgestellt waren und der Rest der Seeleute hinter ihnen, hatte Lund ausgesprochen viel Spaß.

Für Rainey war die Sache mit dem Gold nur eine Maske für die Zügellosigkeit, die sich in einer so rohen Demokratie, wenn sie etabliert würde, unweigerlich manifestieren würde, eine Zügellosigkeit, die das Mädchen bedrohte, das jetzt, wie er sich vorstellte, ihren Vater, den Kapitän des Schiffes, beobachtete Schiff, das am Rande des Todes schwankt. Sein Puls raste, er sehnte sich nach dem Höhepunkt.

„Dieses Gold", fuhr Carlsen fort, „ist keine Ware, die in einer Fabrik hergestellt und durch die Arbeit anderer oder durch Kapitalausgaben gewonnen wird. Wenn es so wäre, würde es das Prinzip der Sache nicht ändern. Es ist von Natur aus." Sie selbst sorgt für diejenigen ihrer Söhne, die es finden und einsammeln werden. Söhne, die als Brüder bereitwillig und gleichberechtigt teilen müssen."

Lund gähnte und zeigte seine starken Zähne und die rote Höhle seines Mundes. Die Jäger blickten ihn neugierig an. Die Seeleute, denen es an Initiative und Vorstellungskraft mangelte, eine grobe Ansammlung von Driftern am Wasser, mehr oder weniger zerstörte Exemplare der Menschheit, die zur See gingen, weil sie keine andere Fähigkeit hatten, waren apathisch und hörten Carlsen mit einer Art Ehrfurcht, einer Hypnose, zu vor seinem Argument, dass das Straßenpöbel vor dem Jargon eines Seifenkistenredners zur Schau gestellt wird.

Carlsen versprach ihnen etwas, deshalb folgten sie ihm. Aber die Jäger, die unabhängiger und intelligenter waren, schienen einen Ausbruch aus Lund zu erwarten, und weil dieser ausblieb, waren sie ein wenig unruhig.

„Teilen und teilen gleichermaßen", sagte Lund. „Ich weiß schon , Carlsen. Kommen wir zur Sache. Die Idee ist doch, das Gold in gleiche Teile aufzuteilen, nicht wahr ? Wie spaltet es sich? An Bord sind 25 Seelen. Bedeutet das, dass man sich spaltet? Der Haufen in hundert Teile, und jeder davon hat vier?

"NEIN." Es war Deming, der antwortete. „Das ist nicht der Fall . Zum Beispiel kommen die Japaner nicht rein."

„Ein Koch ist kein Bruder?"

„Nicht, wenn er eine gelbe Haut hat", antwortete Deming. „Wir werden eine Kollekte für Sandy organisieren. Rainey ist an dem Deal nicht beteiligt. Wir teilen es nur auf zweiundzwanzig Arten auf. Was hast du dazu zu sagen?"

Sein Ton war widerspenstig und Carlsen schien nicht geneigt zu sein, ihn zu stoppen. Er schien sich über die Stimmung der Jäger nicht ganz sicher zu sein. Offensichtlich hat Deming, wie auch Rainey, unter den Vorrunden gelitten.

„Du glaubst , an Bord sind wir alle gleich", sagte Lund langsam, „ außer Mr. Rainey und Tamada ." ein 'Sandy. „Sind Sie und ich, ein ‚Carlsen und' Harris da" – er nickte einem der Seemannsdelegierten zu, der mit offenem Mund zuhörte und sich unter der Achsel kratzte – „sind alle gleich?"

Deming warf Harris einen Blick zu und zögerte einen Moment.

Harris, der sich unter Demings Blick wand, der durch den plötzlichen prüfenden Blick aller Jäger verärgert war, fand die Sprache: „Woher zum Teufel wussten Sie, dass ich hier war?" er verlangte von Lund. „Ich habe meinen Mund nicht aufgemacht ! "

„Das ist nicht die Wahrheit, Harris", antwortete Lund gelassen. „Es ist völlig offen. Aber wenn du es wissen willst, ich habe dich gerochen."

Es gab ein Gelächter über den Ausfall. Carlsens Stimme stoppte es.

„Ich werde die Frage beantworten, Lund. Ja, wir sind alle gleich. Die Welt ist keine Demokratie. Harris hatte bisher keine Chance, den gleichen Anteil zu bekommen, der ihm von Rechts wegen zusteht. Das ist was." Ich meinte damit, dass die *Karluk* eine kleine Welt für sich war. An Bord sind wir alle gleich."

„Außer Rainey, Tamada ein 'Sandy. Mir kommt es so vor, als ob das frühere Argument Löcher darin hätte, Carlsen.

„Wir warten ab, ob Sie mit uns einverstanden sind?" antwortete Carlsen. Seine Stimme hatte eine veränderte Qualität. Es war die direkte Herausforderung. Lund akzeptierte es.

„Das tue ich nicht", antwortete er trocken. „Das gibt es nicht Enny einer von euch, der mir ebenbürtig ist, und ihr habt es gezeigt. Gibt es nicht Enny einer von euch, von Carlsen bis Harris, der den Mut hätte, es mir allein zu überlassen. Man musste sich wie eine Schafherde zu einem Rudel zusammenschließen, mit Carlsen als Schäfer. *„Ich rede "*, fuhr er mit einem Tonfall fort, der plötzlich ins Donnern überging. „Keiner von euch hat den Verstand von Carlsen, denn er musste diesen Plan zwischendurch in die Tat umsetzen ." Deming, du denkst, du bist ein besserer Mann als Harris, du weißt ganz genau, dass du besser Poker spielst als die anderen, und du hast dem zugestimmt, weil du glaubst, dass du das meiste Gold gewinnen wirst, bevor die Reise zu Ende ist . Der Rest von euch Idioten hat zugehört , weil Jemand sagt dir , dass du mehr bekommen wirst , als dir zusteht .

„Dieses Gold gehört mir aufgrund des Entdeckungsrechts. Ich verliere mein Schiff durch Pech, und ich mache einen Deal, bei dem der Kapitän das

Gleiche bekommt wie ich, und das Schiff, das das gleiche wie seine Tochter ist, fast das Gleiche bekommt." Viel. Euch Männern wurde ein Anteil zusätzlich zu eurem Lohn angeboten, wenn ihr das Risiko eingehen wolltet – zwei Anteile für die Jäger. Es war verdammt großzügig, und ihr habt es gepackt. Ich blieb auf dem Eis zurück, blind bei einem Einbruch ' Scholle, und du bist davongesegelt und hast dir ungefähr eine Handvoll Gold geschnappt, genug, um dich verrückt zu machen.

„Was zum Teufel willst du denn damit anfangen, mein Neid ? Verschütte es an der ganzen Berberküste oder verspiele es Deming. Ist da einer von euch, der von der Eisscholle gestiegen ist und blind ist?" Wie ich war, wieder aufgetaucht ? Keiner von euch. Und als ich es gezeigt *habe* , wurdest du wund, weil du geglaubt hattest, dass du mehr tun würdest , wenn ich weg wäre.

„Eine schöne Menge Stinktiere. Du kannst für mich alle das verdammte Stück Papier und die alten Pfeifen mitnehmen. Zum Teufel damit!"

" *Den Mund halten* !" Seine Stimme übertönte das Gemurmel am Tisch. Rainey sah, wie Carlsen sich zurücklehnte, seine Zungenspitze grinsend zeigte und mit dem gefalteten Papier in einer Hand, die andere in seinem Schoß, auf den Tisch klopfte und sich ein wenig zurücklehnte. Er war wie ein Mann, der auf den letzten Einsatz wartete, bevor er die gewinnende Hand enthüllte.

„Was Gleichberechtigung angeht , habe ich euch gesagt, dass Carlsen den Verstand von euch allen hat. Der Skipper liegt im Sterben , Carlsen erwartet, seine Freundin zu heiraten. Und er sinniert Auf diese Weise wurden drei Aktien auf eins heruntergezogen . Sie sagen, Rainey sei nicht an dem Deal beteiligt. Er ist genauso wie Carlsen. Carlsen springt als Arzt ein und hat gute Arbeit geleistet. Skipper ist fast tot. Ein verdammt guter Arzt! Raucht alle.

Carlsen saß still da, leckte sich manchmal sanft die Lippen und hörte Lund zu, als hätte er den Schimpftiraden eines melodramatischen Schauspielers zugehört. Aber Rainey spürte, dass er einen Fehler machte. Er ließ Lund zu weit gehen. Die Männer hörten Lund zu und er wusste, dass der Riese aus einem bestimmten Grund sprach . Zu welchem Zweck, konnte er nicht erraten. Die große dröhnende Stimme hielt sie fest, während sie sie peitschte

.

„Gleichgestellt wie ich? Bah! Ich bin ein *Mann* . Ihr seid viele Idioten. Redet davon, dass ich blind bin. Es war ein Eisblinzeln, das mich erwischt hat. Dann die Augenheilkunde. " wichtig in meinen Augen. Es ist Gold – Blink hat dich. Ihr seid Höhlenfische, viele blinde Trottel.

Er beugte sich über den Tisch und zeigte mit einem massiven, quadratischen Finger, der mit roter Wolle bedeckt war, direkt auf Carlsen, als hätte er eine Waffe gezielt.

„Carlsen ist eine Fälschung! Er hat dich in Schwung gebracht. Er denkt, er ist der Boss, weil er der einzige Navigator der alten Truppe ist. Diese Karte habe ich nicht übersehen, Carlsen. Das ist nicht die einzige Saite, die er auf dich hat. Und auch nicht die drei Aktien.“ Er rechnet mit einem Abzug. Er hat euch Porensauger dazu gebracht, alle eure Granaten abzufeuern; er hat herausgefunden, dass ihr unter euch keine Waffe mehr habt, die viel nützlicher ist als ein Knüppel. Er hat eine Waffe und er hat euch gezeigt, wie er es kann Benutzt es. Er sitzt hinter euch her und schimpft euch!“

Die Männer bewegten sich. Rainey sah, wie Carlsens Grinsen verschwand. Er ließ die Zeitung fallen. Sein Gesicht wurde blass, die Adern zeigten sich plötzlich wie violette Adern in schmutzigem Marmor.

„Ich habe die Waffe schon, Lund“, knurrte er.

Lund lachte, es klang so selbstbewusst, dass die Männer nervös von ihm zu Carlsen blickten.

„ Du bist eine Fälschung, Carlsen“, sagte er. „Und ich habe deine alte Nummer! Zum Teufel mit dir, eine alte Popgun. Du bist nicht einmal ein Arzt. Ich habe an Land echte Ärzte wegen meiner Augen gesehen. Niphablepsie nennen sie Schneeblindheit. Ich wette, du hast es noch nie gehört.“ Davon. Du bist nur ein Frauenbetrüger, der Drogen schießt! Sonst hättest du gewusst, dass Niphablepsie das nicht ist *dauerhaft*! Seit ich Seattle verlassen habe, muss ich mein Augenlicht wiedererlangen . Und jetzt, verdammt noch mal, du bist ein Fakir mit schimmeligem Herzen und schleimiger Seele, steh auf und sag, du bist mir ebenbürtig!“

Er stand selbst auf, überragte die anderen, als sie von ihren Stühlen aufstanden, riss sich die schwarze Brille von den Augen und warf sie Carlsen zu, der gezwungen war, eine Hand zu heben, um sie abzuwehren. Rainey erhaschte einen flüchtigen Blick in die Augen des Riesen. Sie waren graublau, die Farbe von Achatware, hart wie Stahl, unerbittlich.

Carlsen fegte die Brille beiseite und sie zerbrach auf dem Boden, als er aufsprang und die Automatik in seiner Hand glänzte. Lund hatte die Arme über der großen Brust verschränkt. Er lachte erneut und seine Arme öffneten sich.

Rainey erkannte augenblicklich, worum es in Lunds Rede ging. Er hatte es getan, um Carlsen unerträglich zu erzürnen und ihn dazu zu bringen, seine Waffe zu ziehen. Obwohl er riesig war, bewegte er sich mit der Anmut eines Panthers, mit einer Schnelligkeit, die das Auge nicht wahrnehmen konnte. In seiner rechten Hand blitzte etwas auf, eine Waffe, die er aus einem Holster über seiner linken Brust gezogen hatte.

Die Schüsse vermischten sich. Lund stand aufrecht und unverletzt da. Zwischen Carlsens Augen zeigte sich ein roter Fleck. Er ließ sich auf seinen Stuhl fallen, seine Arme schlugen auf den Tisch, seine Waffe fiel aus seiner kraftlosen Hand, seine Stirn schlug auf das Holz wie das Geräusch des Hammers eines Auktionators. Lund hatte ihn bis zur Auslosung geschlagen.

Lund, kein blinder Samson mehr, musterte mit verächtlichem Blick in seinen achatfarbenen Augen die zerstreute Gruppe von Männern, die den Toten stumpf anstarrten, als wäre er von der Zurschaustellung eines Wunders gepackt.

„Es ist alles in Ordnung, Miss Simms", sagte er. „Der Scherz hat ein Stinktier getötet. Rainey, nimm die Waffe und kümmere dich um die junge Dame, ja?"

Das Mädchen stand in der Tür der Hütte ihres Vaters, ihr Gesicht war vor Entsetzen erstarrt und ihr Blick war voller Abscheu auf Lund gerichtet. Als Rainey die Automatik nahm, sie in die Tasche steckte und auf sie zuging, schreckte sie vor ihm zurück. Aber ihre Stimme war für Lund.

„Du Mörder!" Sie weinte.

Lund grinste sie an, aber in seinen Augen war kein Lachen.

„Das besprechen wir später, Miss", sagte er. „Jetzt, ihr Männer, springt alle nach vorn . Deming, schließt die Tür auf. *Springt!* Gleich, oder? Ich zeige euch, wer der Kapitän dieses Schiffes ist. Warte!"

Seine Stimme brach wie der Knall einer Peitsche, und alle blieben stehen, bis auf Deming, der mürrisch den Schlüssel in das Schloss des Korridoreingangs steckte.

„Nimm das mit", sagte Lund und zeigte auf Carlsens schlaffen Körper. "Wenn du Wer seiner Gesellschaft überdrüssig ist, wirf ihn über Bord. Spring dazu!"

Die nächsten Männer nahmen den Körper des Arztes auf und alle gingen vorwärts, schweigend gehorchend dem Mann, der ihnen den Befehl gab.

„Sie sind nicht alle ausgepeitscht " , sagte Lund. „Nicht diese Jäger. Sie leiden immer noch unter dem Goldblinzeln, aber ich werde ihr Augenlicht für sie reinigen . Kümmere dich um die Dame und ihren Vater, Rainey."

Tamada trat ein, als wäre nichts passiert. Er trug ein Tablett mit Geschirr und Besteck, das er auf den Tisch stellte.

„Es macht nichts , einen Platz für Carlsen zu schaffen , Tamada ", sagte Lund. „Er hat seinen Appetit verloren – dauerhaft." Das Gesicht des Orientalen veränderte sich nicht.

„Ja, Sir", antwortete er.

Das Mädchen schauderte. Rainey sah, dass Lund von seinem Sieg begeistert war und dass der primitive Kampfbruder im Vordergrund stand. Carlsen hatte versucht, als Erster zu schießen, war aber dazu angestachelt worden; sein Tod war verdient; aber Rainey schien, dass Lunds Zurschaustellung der Grausamkeit unnötig war. Aber er sah auch, dass Lund keinem Protest Beachtung schenkte, den er vielleicht vorbrachte, da er noch immer von seinem noch nicht abgeschlossenen Vorgehen mitgerissen wurde.

„Ich leihe mir Carlsens Sextanten", sagte Lund. „ Gegen Mittag, es ist ungefähr an der Zeit, dass ich unsere Abrechnung bekomme ." Er ging in die Kabine des Arztes und kam mit dem Instrument heraus, das er sich unter den Arm klemmte, als er an Deck ging.

Tamada fuhr unbeirrt mit seinen Vorbereitungen fort. Er blieb an der kleinen Blutpfütze stehen, wo Carlsens Kopf auf den Tisch gestoßen war, drehte sich um und verschwand in Richtung seiner Kombüse, wo er sofort mit einem nassen Tuch wieder auftauchte.

Das Mädchen legte die Hände auf die Augen, während Tamada methodisch die verräterischen Flecken wegwischte.

„Das Biest!" Sie sagte. Dann nahm sie ihre Hände weg und streckte sie Rainey entgegen.

„Was wird er mit meinem Vater machen?" Sie sagte. „Er denkt, dass Papa ihn verlassen hat. Und der Arzt, der ihn hätte retten können, ist tot. Mein Gott, was soll ich tun? Was soll ich tun?"

Rainey murmelte einige Trostversuche, eine Verteidigung von Lund.

"Du auch?" „, sagte sie mit einer Verachtung, die Rainey, so unverdient sie auch war, bis ins Mark schmerzte. „Du bist auf seiner Seite. Oh!"

Sie rollte in das Zimmer ihres Vaters und schloss die Tür. Rainey hörte das Klicken des Riegels auf der anderen Seite. Tamada fuhr mit dem Tischdecken fort. Rainey sah, dass er Carlsens Platz frei gelassen hatte. Er lauschte einen Moment, hörte aber nichts in der Kapitänskajüte. Der schnelle Ansturm der Ereignisse war immer noch ein Durcheinander. Langsam ging er den Niedergang hinauf zum Deck.

KAPITEL XI

EHRLICHE SIMMS

Lund begrüßte Rainey mit einem kurzen Nicken. Hansen war immer noch am Ruder. Die diensthabende Besatzung stand in Alarmbereitschaft und hatte Lund im Blick. Sie hatten einen neuen Meister gefunden, waren eingeschüchtert und begierig darauf, ihr Bestes zu geben.

„Es ist noch nicht Mittag", sagte Lund. „Ich muss die Sonne kaum fotografieren, wenn das Land so nah ist."

Rainey schaute über den Steuerbordbug, wo eine Reihe dunkelblauer Gipfel und niedrigerer Hügel die Brücke der Aleuteninsel verkündeten , die sich weit nach Westen erstreckte.

„Ich werde dieser Crew zeigen, dass sie einen Skipper an Bord hat", sagte Lund. „Wie geht es dem Kapitän ?"

Rainey sagte es ihm.

„Wir werden sehen, was wir für ihn tun können", sagte Lund. „Ohne diesen Fakir ist er besser dran, das ist ein Kinderspiel. Er hat mich einen Mörder genannt", fuhr er mit einem gut gelaunten Lachen fort. „Sie hat Mumm, das hat sie. Und sie ist ein ordentliches Stück. Ein kleines Mädchen, aber sie ist klasse. Eine ‚gutaussehende ' , oder, Rainey?"

Er warf dem Zeitungsmann einen scharfen Blick zu.

„Du steckst doch auch in der Klemme, nicht wahr? Wir werden das nach einer Weile in Ordnung bringen. Sie weiß nicht , wann es ihr gut geht. Den meisten Frauen ist das nicht klar . Richtig. Sie ist jetzt natürlich verärgert und hasst mich.

Er lächelte, als ob die Aussicht zu ihm passte. Ein Verdacht schoss in Raineys Gehirn. Lund hatte gesagt, er würde nicht zulassen, dass einem anständigen Mädchen Schaden zugefügt würde. Aber der Mann wurde verändert. Er hatte gekämpft und gesiegt, und der Sieg leuchtete in seinen Augen mit einem Glanz, der trotz seiner Gutmütigkeit immun gegen Mitleid war.

Er hatte gesagt, dass ein Mann unter seiner Haut nur ein Tier sei. Seine Einschätzung des Mädchens erfüllte Rainey mit Besorgnis. „Dem Sieger gehört die Beute." Irgendwie blieb das Zitat bestehen. Was wäre, wenn Lund das Mädchen als legitime Beute betrachten würde? Vielleicht hätte er vorher anders geredet, um sich Raineys Unterstützung zu sichern.

Und Rainey hatte plötzlich das Gefühl, als sei seine Unterstützung unangebracht gewesen, bestenfalls ein schwaches Schilfrohr. Lund hatte ihn nicht gebraucht, würde er ihn brauchen, außer als nicht unbedingt notwendige Hilfe, mit Hansen an Bord, um das Schiff zu steuern?

Er sagte nichts, sondern steckte beide Hände in die Seitentaschen des Pilotenmantels, den er im Schiffsvorrat gekauft hatte. Die plötzliche Berührung von kaltem Stahl gab ihm neuen Mut. Er hatte geschworen, das Mädchen zu beschützen. Wenn Lund, der mehr denn je wie ein Pirat wirkte, mit seinen kalten Augen den Horizont abschweifte und seine Masse Rainey im Vergleich dazu in die eines Zwergs verwandelte , versuchte, Peggy Simms Schaden zuzufügen, beschloss Rainey, die Rolle des Champions zu spielen.

Er konnte nicht wie Lund schießen, aber er war bewaffnet. Es waren zweifellos noch mehr Patronen im Magazin. Und den Rest muss er sofort aus Carlsens Kabine sichern.

Die Sonne erreichte ihren Höhepunkt und Lund beschäftigte sich mit seinem Sextanten. Rainey beschloss, ihn zu bitten, ihm den Umgang damit beizubringen. Seine Zustimmung oder Ablehnung würde ihm sagen, wo er mit Lund stand.

Er spürte die Meisterschaft des Mannes. Und er fühlte sich neben ihm inkompetent. Carlsen hatte recht gehabt. Ein Schiff auf See war eine kleine Welt für sich, und Lund war jetzt der Herr darüber. Ein Lord, der Treue einforderte und durchsetzte. Er besaß die Macht über Leben und Tod, nicht nur durch rohe Gewalt. Er war der einzige Navigator an Bord, der Kapitän war schwer erkrankt. Als solcher allein hielt er sie in seiner Hand, sobald sie außer Sichtweite des Landes waren.

„Hansen“, sagte Lund, „Mr. Rainey wird Sie ablösen, nachdem wir gegessen haben. Kommen Sie, Rainey. Ich hoffe, Sie haben Ihren Appetit nicht verloren . Sehen Sie zu, wie ich den Löffel durch ein Messer und eine Gabel ersetzte. Ich Ich muss nicht länger den Blinden spielen . “

Das Essen gefiel Rainey nicht. Er konnte nicht umhin, an die Stelle unter dem Tuch zu denken, an der Tamada das Blut des Mannes aufgewischt hatte, der gerade von Lund getötet worden war, der ihm gegenübersaß und für eine doppelte Portion Proviant spielte.

Es war Lunds offensichtliche Gefühllosigkeit, die ihn mehr traf als seine eigene Zimperlichkeit. Er konnte Carlsens Tod nicht bereuen. Mit dem Leben des Arztes wäre seine eigene Existenz eine ständige Bedrohung gewesen. Aber er war es nicht gewohnt, einen Mord mitzuerleben, obwohl ihm in seinem Kommando am Wasser die grausamen Tragödien des Meeres nicht unbekannt waren.

Es war Lunds Verhalten, das ihn faszinierte. Der Riese hatte Carlsen so unsanft abgewiesen, als hätte er die Asche einer Zigarre umgedreht oder den Stummel über den Kopf geworfen.

„Ich muss diese Jäger bekämpfen", sagte Lund. „Ich rechne damit, dass es dort früher oder später Ärger geben wird. Aber ich werde ihnen das Gesetz vorgeben . Wenn sie reinkommen , dann bekommen sie ihre ursprünglichen zwei Anteile zurück. Wenn nicht, bekommen sie sie nicht." Ein verstopfter Nickel. Ein Deming ist derjenige, der den Ärger machen wird, nehmen Sie ihn von mir. Sagen Sie Hansen, er solle seine Wache abgeben, ich werde ein oder zwei Tage lang kein Deck nehmen, das müssen Sie Kümmere dich weiter darum . Ich muss mit dem Mädchen meinen Frieden machen und mit dem Skipper tun, was ich kann.

„Sie wird nicht so leicht Frieden schließen. Aber dem Kapitän geht es schlecht."

Lund zündete seine Pfeife an.

„Ich würde scherzen , sobald es Krieg wäre. Ich glaube nicht, dass wir dem Kapitän viel helfen können, es sei denn, wir versuchen, das Gegenteil von dem zu versuchen, was Carlsen getan hat. Wenn wir wüssten, was das war? Wenn es ihm noch schlimmer geht, würde sie uns lassen." Weißt du, denke ich. Vielleicht kannst du etwas vorschlagen ?"

Rainey schüttelte den Kopf.

„Ich nehme an, sie kann mehr als jeder von uns", sagte er.

Lund nickte, dann pfiff er Tamada zu und verließ die Hütte.

„Bringen Sie eine Flasche Whisky mit in die Jägermesse, mein Kompliment. Das wird jedem von ihnen etwa drei Schüsse einbringen", sagte er zu Rainey. „Solange wir gewonnen haben, können wir sie genauso gut im Stich lassen. Aber sie werden für ihre Anteile arbeiten, im Scherz. Ein oder zwei Drinks könnten ihnen helfen. " Schlucken Sie , was ich ihnen als Nachtisch in der Sprechleitung geben werde . Bis später."

Rainey nahm den Platzverweis entgegen und ging zu Hansens Ablösung. Er erwähnte nicht, was geschehen war, bis der Skandinavier indirekt darauf Bezug nahm.

„Sie haben den Arzt über Bord geworfen, Sir, bald kommt Mr. Lund und Sie Fluch gehen nach unten."

Es schien eine summarische Entlassung der Toten ohne Zeremonie zu sein. Damit der Ritus authentisch war, musste jedoch Lund den Vorsitz geführt haben, und die Seebestattung wäre unter diesen Umständen ein Hohn gewesen. Es war das Beste, was er getan hatte, hatte Rainey das Gefühl, aber er konnte sich einen Schauer nicht verkneifen, als er daran dachte, dass der Mann, der in letzter Zeit so vital war und dessen Gehirn voller Energie war, durch das kalte Wasser zum Schlamm glitt und dort durchnässt liegen blieb Er schwankte mit den Unterwasserströmungen, bis ihn die Aasfresser des Ozeans schnappten.

„In Ordnung, Hansen", sagte er als Antwort, und der Mann eilte davon, nachdem er seine Sonderaufgabe erfüllt hatte.

Nach einer Weile kam Lund und Rainey erzählte ihm vom Schicksal von Carlsens Leiche.

„Ich dachte , sie würden etwas dagegen tun", kommentierte Lund. „Sie haben gemerkt, dass er sie zu Idioten machen wollte , und haben ihn fallen lassen. Aber sie sind bei weitem nicht auf unserer Seite. Nicht, dass es mir scheißegal wäre. Wenn sie schmollen wollen, dann lassen Sie es." Sie schmollen. Aber sie werden Wache halten, und wenn wir am Strand ankommen , werden sie ihren Teil der Arbeit erledigen. Wenn sie einen Fahrer brauchen , fahre ich sie .

„Dass Deming ein besserer Mann ist, als ich dachte. Er ist der größte Nörgler unter ihnen . Er sagte, wenn ich keine Waffe gehabt hätte, hätte er mich in der Kabine angegriffen. Das meinte er auch so, obwohl ich ihn zerschmettert hätte." . Er ist sauer, weil ich gesagt habe, dass er nicht mein Gleicher ist. Ich sagte ihm, wann immer er es ausprobieren wollte, ich würde ihm entgegenkommen. Er hat es nicht aufgegriffen, und sie werden ihn damit veräppeln. Er wird einen Groll hegen. Ich habe keine Angst davor, dass sie mich töten , nicht solange der Kapitän krank ist. Sie brauchen mich zum Navigieren."

„Das könnte eine gute Gelegenheit für mich sein, mit einem Sextanten umzugehen", schlug Rainey beiläufig vor.

Lund schüttelte lächelnd den Kopf, aber sein Blick war hart.

„Noch nicht, Kumpel ", sagte er. „Nicht, dass ich dir nicht vertraue, aber für mich ist es im Scherz eine Art Lebensversicherung, die zu mir passt. Wenn du dich zurechtfinden könntest, würden sie vielleicht glauben , dass sie es wissen Setzen Sie die Schrauben an, um sie durchzubringen , ohne dass ich Ihnen im Weg stehe. Ich sage nicht, dass sie es könnten, aber sie könnten es Ihnen schwer machen, und Sie haben nicht ganz den gleichen Anteil daran wie ich ."

Das war kalte Logik, aber Rainey erkannte die Kraft dahinter. Hansen kam früh hoch, um die Wache aufzuteilen und ihren Zeitplan wieder in Ordnung zu bringen, und Lund ging mit Rainey nach unten. Lund befahl Tamada, eine

Flasche und Gläser mitzubringen, und sie setzten sich an den Tisch. Rainey brauchte den Kick eines Drinks und nahm einen.

Als Lund sein Glas erhob und mit „Auf Glück" anstieß, öffnete sich die Tür des Kapitäns und das Mädchen erschien. Sie sah aus wie ein Geist. Ihr Haar war zerzaust und ihre Augen starrten sie an, ohne dass es den Anschein erweckte, als würden sie sie wiedererkennen. Aber sie sprach mit flacher, tonloser Stimme.

„Mein Vater ist tot! Ich –" Sie stockte, schwankte und schien ohnmächtig zu werden, als sie zu Boden sank. Rainey stürmte nach vorne, aber Lund war schneller und hob sie in seine Arme, als wäre sie eine Feder, nahm sie mit zum Tisch, setzte sie auf einen Stuhl, tupfte eine Serviette in etwas Wasser und trug sie auf ihre Brauen auf.

„Scheuern Sie ihre Handgelenke", befahl er Rainey. „Öffnen Sie den obersten Knopf ihrer Bluse. Das reicht. Sie trägt keine Korsetts. Sie wird schon durchkommen. Das Lot ist abgenutzt. Das ist alles."

Er behandelte sie geschickt, wie eine Krankenschwester ein Kind. Rainey rieb sich die schlanken Handgelenke und schlug mit den Handflächen, und schon bald öffnete sie die Augen und seufzte. Dann löste sie sich von Lund, beugte sich über sie und stand auf.

„Ich muss zu meinem Vater", sagte sie. "Er ist tot."

Sie folgten ihr in die Kabine und Lund beugte sich über die Koje.

„Sieht so aus", flüsterte er Rainey zu. Dann riss er die Weste und das Hemd des Kapitäns auf und legte seinen Kopf auf seine Brust. Das Mädchen machte eine schwache Bewegung, als wollte sie ihn aufhalten, hinderte ihn jedoch nicht daran. Sie war vor Müdigkeit und Sorgen am Ende ihrer Kräfte. Lund hob plötzlich den Kopf.

„Es gibt ein Flattern", verkündete er. „Er ist nicht weg . Hol Tamada und etwas Brandy."

Der Japaner war, wie eine Ahnung hatte, bereits vor Ort und stellte den Brandy her. Rainey schüttete ein Maß aus. Die Zähne des Kapitäns waren fest zusammengebissen. Lund legte eine große Hand über seine Kiefer, drückte auf die Verbindungsstelle und drückte sie fest, aber sanft genug auseinander, während Rainey ein paar Tropfen Brandy aus der Ecke seines durchnässten Taschentuchs hineindrückte. Lund streichelte die Kehle des kranken Mannes und er schluckte automatisch.

„Mehr Brandy", befahl Lund.

Bei der nächsten Dosis gab es Anzeichen einer Wiederbelebung, ein leises Stöhnen des Skippers. Das Mädchen flog an seine Seite. Tamada , die mit der

Flasche daneben stand, trat vor, reichte Rainey den Brandy, rollte das Lid hoch und blickte genau auf die Pupille.

„Ich studiere Medizin in Tokio ", sagte er.

„Warum hast du das nicht schon früher gesagt?" forderte Lund. Keinem von ihnen kam es in den Sinn, an Tamadas Worten zu zweifeln. Er hatte eine Aura professioneller Sicherheit und Effizienz an sich, die Gewicht hatte. „Was können Sie für ihn tun? In Carlsens Zimmer steht eine Hausapotheke."

„Ich wurde als Koch eingestellt", sagte Tamada leise. „Ich hätte nicht die Erlaubnis erhalten dürfen, mich einzumischen. Es geht mich nichts an, wenn ein weißer Mann sich lächerlich macht. Jetzt wollen wir Morphium und eine Injektionsspritze."

Tamada krempelte den Ärmel des Kapitäns hoch. Das geschrumpfte, blasse Fleisch war voller punktförmiger Narben, die bläulich wirkten, als hätte der Kapitän an einem seltsamen Ausschlag gelitten.

Lund pfiff leise. Auch Rainey wusste, was es bedeutete. Der Skipper war ein wahrer Sklave der Droge gewesen. Carlsen hatte es verabreicht, verschrieben und als Mittel genutzt, um Simms unter seine Herrschaft zu bringen. Das Mädchen sah Tamada seltsam an .

„Hätte er das für Ischias gehalten?" Sie fragte.

„Ich denke vielleicht, ja. Eine Injektion über den Muskel bringt Linderung. Manchmal heilt sie. Aber Captain Simms nimmt zu viel. Angenommen, die Versorgung wird plötzlich unterbrochen, und dann kommt es zu starken Schüttelfrost, vielleicht zu einem Kollaps, vielleicht –" Das Mädchen umklammerte seinen Arm .

„Du hast mehr gemeint, als du gesagt hast. Es könnte den Tod bedeuten?"

„Ich weiß es nicht", antwortete Tamada ernst. „Vielleicht ist alles in Ordnung, wenn wir jetzt Morphium haben und ihm jedes Mal eine kleinere Dosis geben." Er hob die Hand des Kranken und untersuchte kritisch die Nägel. Sie waren kaputt und spröde.

Rainey war auf der Suche nach der Droge und der Injektionsnadel in Carlsens Zimmer gegangen.

„Wie viel hat er wohl auf einmal genommen?" fragte Lund den Japaner mit leiser Stimme.

„Fünfzehn Grains, glaube ich. Vielleicht mehr. Zu viel! Immer zu viel Drogen in seinen Adern. Viel schlimmer als Opium für den Menschen."

„Carlsens Werk", knurrte Lund. „Ich habe das Zeug auf ihn erhöht, bis er nicht mehr darauf verzichten konnte. Habe ihn zum Sklaven gemacht, um einen Carlsen, seinen Chef, zu dopen. Dafür hat er einen Tötungsscherz verdient, das Stinktier."

Rainey durchsuchte hektisch die Hausapotheke und fand nur fünf Tabletten mit der Aufschrift „*Morphin 1 gr.*" in einer Flasche, woanders vergeblich gesucht. Und er konnte keine Nadel finden. Aber er stieß auf einige automatische Patronen und steckte sie in seine Taschen, bevor er zurückeilte.

„Das ist nicht genug", sagte Tamada . „Und wir sollten Nadel haben. Aber ich löse diese in der Kombüse auf." Und er eilte hinaus. Das Mädchen war neben dem Bett auf die Knie gerutscht und hielt mit geschlossenen Augen die Hand ihres Vaters an ihre Lippen. Sie schien zu beten.

Rainey und Lund sahen sich an. Rainey versuchte sich an etwas zu erinnern. Endlich kam die Erinnerung daran, wie Carlsen etwas in seine Tasche steckte, als er aus dem Zimmer des Kapitäns kam. Das war der Injektionsfall gewesen! Als der Gedanke in seinen Augen aufleuchtete, sah er ein Aufblitzen in Lunds Augen.

„Carlsen hatte Morphium bei sich", flüsterte Lund, um das Mädchen nicht zu stören.

„Und die Nadel!" sagte Rainey. "Was ist, wenn?" Er rannte vorwärts aus der Kabine, vorbei an Tamada , und kam mit den aufgelösten Tabletten in einem Glas, in dem heißes Wasser dampfte, aus der Kombüse. Rasch teilte er seinen Verdacht mit.

„Vielleicht haben sie ihn zuerst durchsucht", sagte er und ging weiter zur Jägerhütte. Sie saßen an ihrem Tisch und unterhielten sich. Als sie Rainey sahen, blieben sie abrupt stehen und betrachteten ihn misstrauisch. Deming erhob sich.

„Was ist die Idee?" fragte er und sein Ton war nicht freundlich.

Rainey erklärte hastig. Deming zuckte mit den Schultern.

Fo'k'le in Leinwand genäht ", sagte er gleichgültig. „Keiner von uns hat ihn durchgemacht. Ich glaube, sie haben den Jungen dazu gebracht, den Job zu machen."

Rainey fand Sandy schlafend in seiner Koje vor, wo er versuchte, ein Nickerchen zu machen, mit dem er seinen Mangel an definitiv zugewiesener Ruhe ausgleichen konnte. Der Hilfsarbeiter erwachte schaudernd und zuckte unter Raineys Hand zusammen.

„Sie haben mich dazu gezwungen", antwortete er. „Keiner von ihnen hat es berührt , bis ich es in ein altes Stagsegel eingenäht und einen Bootssteg zum Beschweren festgebunden hatte. Ich bin nicht in seine Taschen gegangen. Ich hatte mehr Angst, es anzufassen, als ich musste. " "

„Ist das wahr, Sandy? Es ist mir egal, was du außer dieser kleinen Schachtel und einer Flasche Tabletten mitgenommen hast. Den Rest kannst du behalten."

„Es ist die verdammte Wahrheit, Mister Rainey, helfen Sie mir", jammerte Sandy. Und die Wahrheit lag in seinen zwielichtigen Augen.

Rainey kam mit seinen Neuigkeiten zurück. Er ging davon aus, dass die fünf Körner vorübergehend ausreichen würden. Und sie könnten für Unalaska einspringen. Es waren dort Chirurgen mit der Steuerflotte. Er dachte, es gäbe wahrscheinlich ein Krankenhaus.

Sie müssten Carlsens Tod erklären. Sie würden nach dem Zweck der Reise gefragt, befragte die Besatzung. Es könnte eine Inhaftierung bedeuten, die Niederlage der Expedition, genau das, was Lund befürchtet hatte, nämlich ihre Verfolgung auf die Insel. Er fragte sich, wie Lund den Plan aufgreifen würde.

Er stellte fest, dass Tamada das Morphium verabreicht hatte. Die positiven Ergebnisse waren bereits sichtbar. Die trockene, schrecklich blasse Haut hatte sich verändert und Simms atmete frei, während Tamada , der seinen Puls fühlte, zustimmend auf den fragenden Blick des Mädchens nickte.

"Habe es?" fragte Lund.

Rainey gab das Ergebnis seiner Suche bekannt.

„Wir müssen nach Unalaska vordringen", sagte er. „Da sind Ärzte." Das Mädchen drehte sich zu Lund um. Er lächelte über die Intensität ihres Blicks und ihrer Haltung.

„Ich spiele fair, Miss Peggy", sagte er. „Rainey, ändere den Kurs."

Peggy Simms ergriff Lunds große Pfote mit beiden Händen und zum ersten Mal liefen ihr die Tränen über die Augen. Der *Karluk* erschien, als Rainey das Deck erreichte und seine Befehle gab. Dann kehrte er in die Hütte zurück. Der Kapitän hatte die Augen geöffnet.

„Peggy!" er murmelte. „Carlsen, wo ist er? Lund! Guter Gott, Lund, kannst du sehen?"

„Bleib ruhig, so gut du kannst", sagte Tamada . Etwas in seiner Stimme veranlasste den Kapitän, seinen Blick auf den Japaner zu richten.

„Wo ist Carlsen?" fragte er noch einmal.

„Er kann jetzt nicht kommen", sagte Tamada .

Unter dem Drang der Droge schien das Gehirn des Kapitäns ungewöhnlich klar zu sein, seine Intuition war gesteigert.

„Carlsen ist tot?" er hat gefragt. Dann Weiterfahrt nach Lund. „Du hast ihn getötet, Jim?"

Lund nickte.

„Wie viel Morphium hast du mir gegeben?"

„Fünf Körner."

„Es ist nicht genug. Es wird nicht von Dauer sein. *Gibt es keine mehr?* ", blitzte es mit plötzlicher Energie aus ihm heraus und versuchte, sich aufzurichten.

„Wir setzen uns für Unalaska ein, Simms", sagte Lund.

"Wie weit?"

„Etwa siebzig Meilen."

„Dann ist es zu spät. Zu spät. Der Schmerz hat sich in letzter Zeit verlagert – auf mein Herz. Er wird mich gleich erwischen."

Das Mädchen warf Lund einen hasserfüllten Blick zu, eine Anschuldigung, die er gelassen erwiderte, so schnell sich auch die Veränderung durch die fast ehrfürchtige Art und Weise vollzogen hatte, mit der sie seine Hand ergriff.

„Ich werde in ein oder zwei Stunden weg sein", sagte der Kapitän. „Ich muss reden, solange das noch dauert . Jim – darüber , dich dieses Mal zu verlassen . Ich hätte zurückkommen können. Ich habe darüber gesprochen – mit Hansen. Er weiß es. Aber der Sturm war schlimm, und das Eis. Das war es nicht Das Gold, Jim. Ich schwöre es. Ich hatte auf dem Schiff eine Besatzung, auf die ich achten musste. Eine Peggy zu Hause.

„Ich wäre vielleicht früher zurückgegangen, Jim, das gebe ich zu. Aber es war nicht das Gold, das den Ausschlag gegeben hat. Und – ich habe nicht gehört, was du geschrien hast, Jim. Der Sturm kam auf. Wir waren es." Als wir das Schiff fanden, war es erstarrt.

„Dann, dann; oh Gott, mein Herz!" Er saß aufrecht da, klammerte sich an die Brust und sein Gesicht verzog sich vor Schmerz. Tamada bekam etwas Brandy zwischen die klappernden Zähne. Dem Kapitän lief der Schweiß auf die Stirn, und er sank zurück, erschöpft, aber vorübergehend erleichtert. Das Mädchen wischte sich über die Brauen.

„Das wird mir den nächsten Angriff bescheren", sagte er plötzlich mit schwacher Stimme. „Jim, dieses Problem traf mich am Tag, nachdem wir die Eisscholle verlassen hatten. Zuerst nicht Ischias, aber im Kopf Zu spät. Das Eis hatte sich geschlossen. Wir konnten nicht mehr zurück. Ich habe in meinem medizinischen Buch nachgelesen, Jim, später, als mich der Ischias befiel.

„Musste mich auf meine Koje legen. Konnte es nicht ertragen. Ich hatte Morphium und es hat mir geholfen. Habe nach einer Weile zu viel genommen. Musste es haben. In San Francisco ging es mir für eine Weile besser. Dann verschrieb mir Carlsen es. Morphin." war mein Chef, und dann Carlsen, er war der Chef des Morphiums. Schien wie – schien wie – *mehr Brandy, Tamada* .

Seine Stimme wurde schwächer, als er wieder sprach. Sie kamen näher, um sein Flüstern zu hören.

„Carlsen – der Verstand war nicht mein eigener. Peggy – ich war nicht bei klarem Verstand, Schatz. Nicht, als – Carlsen – er ein Engel war, als er mir gab, was ich wollte – Teufel –, wenn er es nicht wollte. Hat mich … Dinge tun. Aber er ist tot. Und ich gehe. Erreiche Unalaska nie. Peggy – verzeihen. Eigentlich zum Besten gedacht – aber – nicht bei klarem Verstand. Jim – es war nicht das Gold. Jedenfalls nicht Peggys Schuld."

„Sie wird ihres bekommen, Simms", sagte Lund. "Deins auch."

Die Augen des Kapitäns schlossen sich und sein Körper sank unter die Kleidung. Das Mädchen warf sich unkontrolliert weinend auf das Bett. Lund blickte Tamada mit hochgezogenen Augenbrauen an , der mit den Schultern zuckte.

„Verschwinde besser von hier", flüsterte Lund. Er und Rainey gingen zusammen aus. Nach ein paar Minuten gesellte sich Tamada zu ihnen, sein Gesicht wie immer wie eine Sphinx.

„Er ist tot", sagte er.

Rainey und Lund gingen an Deck. Der Schoner raste auf den Vulkan zu, die dahinter verborgene Peilmarke für Unalaska. Schweigend gingen sie auf und ab.

„Ich schätze, er war schließlich ‚Ehrlicher Simms'", sagte Lund schließlich. „Das Mädchen gibt mir die Schuld für das Morphium, aber Carlsen wollte nie, dass er lebt. Das wird sie vielleicht nach einer Weile sehen ."

Rainey warf ihm einen neugierigen Blick zu. Er bekam neue Erkenntnisse über Lund.

Dann erschien das Mädchen, blass und gefasst, und kam direkt auf Lund zu, der bei seinem Anblick innehielt.

„Werden Sie den Kurs ändern, Herr Lund?" Sie sagte.

Er sah sie überrascht an.

„Vater sprach noch einmal. Nachdem du gegangen warst. Er möchte nicht, dass du nach Unalaska weitergehst. Er sagte, das würde einen Ansturm auf das Gold bedeuten; vielleicht müsstest du dort bleiben. Er möchte nicht, dass du das Gold verlierst." Er will, dass ich meinen Anteil bekomme. Er hat mir ein Versprechen abgenommen. Und er will – er will" – sie biss sich heftig auf die Lippe, um ihre Gefühle zu unterdrücken – „im Meer begraben werden. Das war seine letzte Bitte."

Sie drehte sich um, schaute über die Reling und kämpfte darum, ihre Tränen zurückzuhalten. Rainey sah, wie der Blick des Riesen voller Bewunderung über sie schweifte.

„Wie Sie wünschen, Miss Peggy", sagte er. „Hansen, wegen Schiff. Warten Sie einen Minnit . Wie wäre es mit Ihnen, Miss Peggy? Wenn Sie nach Hause wollen, können wir in Unalaska Wege finden. Ich verhalte mich fair. Ich bringe Ihnen Ihren Anteil zurück – in voller Höhe."

„Ich denke nicht an das Gold", sagte das Mädchen verächtlich. „Aber ich möchte die letzten Wünsche meines Vaters erfüllen, wenn du es mir erlaubst. Ich bleibe beim Schiff. Jetzt gehe ich zurück zu ihm. Du – du" – sie unterdrückte das Zittern ihres Mundes und ihr Kinn zeigte sich fest und entschlossen – „Sie können die Beerdigung morgen im Morgengrauen arrangieren, wenn Sie wollen. Ich will ihn heute Abend."

Ihr Gesicht zitterte mitleiderregend, aber sie überwand sogar das und ging zum Niedergang.

„Spiel, bei Gott, Spiel, wie sie es machen ! " sagte Lund.

KAPITEL XII

Deming bricht sich einen Arm

Rainey, der in seiner Koje döste und die plötzlichen Ereignisse des Tages Revue passieren ließ, hatte Carlsens Automatik unter sein Kopfkissen gelegt, nachdem er sie geladen hatte. Er stellte fest, dass vier Granaten voller Kapazität fehlten: die beiden, die Lund auf sein Flaschenziel abgefeuert hatte, die von Carlsen auf Rainey abgefeuerte und der letzte wirkungslose Schuss auf Lund, ein Schuss, der, wie Rainey entschied, weitgehend durch Lunds Schuss verfehlte *Es war ein Coup-de-Theater*, ihm die Brille abzureißen und sie dem Arzt zuzuwerfen.

Der Dynamo, von dem er geglaubt hatte, er hätte ihn in Lund schnurren hören können, war jetzt mit aller Macht zu sehen und trieb mit voller Kraft an. Das war es, was Lund von nun an sein würde: ein Fahrer, gebieterisch, unerbittlich, der alle Hindernisse überwindet; Wie er selbst gesagt hatte, war er im Herzen egoistisch und verfolgte seine eigenen Ziele.

Rainey war weder ein Schwächling noch ein Feigling, aber er schreckte vor einer offenen Begegnung mit Lund zurück und wusste, dass er ohne Angst der schwächere Mann war. Die Herausforderung von Lund, indem er jeden von ihnen auf großartige Weise dazu herausforderte , allein gegen ihn anzutreten, und sie massenhaft herausforderte , hatte bei Rainey ein Eingeständnis der Unterlegenheit hervorgerufen, das nicht nur körperlicher Natur war.

Karluk-Region bestanden . Rainey hatte sich einst liebevoll der Täuschung hingegeben, er wisse etwas über die Natur derer, die „in Schiffen zum Meer hinabfuhren".

Jetzt wusste er, dass seine Unwissenheit enorm war. Solche Männer waren nicht komplex, sie bewegten sich eher durch Instinkt als durch Vernunft, sie ließen sich nicht vom Gewissen leiten, die Werte von richtig und falsch waren für sie nicht intuitiv, ihr Universum wurde eher von Muskeln als von Verstand beherrscht.

Doch Rainey konnte sie nicht lösen, und Lund kannte sie wie man ein Lieblingsbuch kennt.

Lund verfügte über Köpfchen, Gerissenheit und rohe Gewalt, die ihm einen Respekt einflößten, der nicht unbedingt darauf zurückzuführen war, dass er schwächer war. In gewisser Weise war er großartig. Und Rainey kündigte vage Ärger an, als Kapitän Simms endlich in die Tiefe geworfen wurde. Er war sich sicher, dass die Jäger unter Deming etwas ausheckten, aber im Wesentlichen hing seine mentale Prophezeiung bevorstehender Schwierigkeiten mit dem Mädchen zusammen.

Lund hatte ihr gegenüber keine Respektlosigkeit gezeigt, eher das Gegenteil. Aber das Mädchen zeigte Hass auf Lund und in geringerem Maße auch auf Rainey. Einiges davon würde natürlich aussterben. Rainey beabsichtigte, in seinem eigenen Namen eine Anpassung zu versuchen. Aber er hatte das Gefühl, dass Lund diesen Hass des Mädchens gegen ihn nicht dulden würde . Eine solche Verachtung würde etwas in der Natur des Riesen erwecken, etwas, das ihm entweder unter die Peitsche schlagen oder ihn auslachen würde.

Im Dunkeln sah Rainey diese Dinge als die gigantischen Bewegungen des Sex, nicht so, wie er es gekannt hatte, umgeben von Konventionalitäten, von Höflichkeiten der Verblendung des 20. Jahrhunderts, sondern als ein Gesetz, primitiv, unwiderstehlich, das Barrieren und Widerstände hinwegfegte, etwas noch Größeres als die Gier nach Gold; die Verlockung von Frau für Mann und Mann für Frau.

Er hatte das Gefühl, dass sowohl Lund als auch das Mädchen dieses Ding in größerem Maße haben würden als er. Er teilte sein Leben mit zu vielen Dingen, mit Büchern, mit Vergnügungen, mit dem sozialen Ping-Pong der Ebene, in der er sich normalerweise bewegte.

Es war einmal ein Mädchen gewesen, vielleicht gab es noch immer ein Mädchen, das Rainey bei einem Besuch im Lagerpalast eines Holzfällerkönigs hoch in den Sierras kennengelernt hatte, ein Mädchen, das ritt und jagte und im Freien lebte, Und doch tanzte sie herrlich, sang, nähte und war sowohl weiblich als auch männlich, eine verrückte Diana der Neuzeit, die Rainey für eine Weile umgehauen hatte.

Aber er hatte gewusst, dass er ihren Ansprüchen nicht genügte, dass er nur ein Papierwurm war, abgesehen von seinen mangelnden Mitteln. Er wusste, dass dieses letzte Detail ihn viel mehr gestört hätte als sie. Aber sie verkündete offen, dass sie sich nur mit einem Mann paaren würde, der gelebt hatte. Er bildete sich eher ein, dass es eine Herausforderung gewesen war — eine, die er nicht angenommen hatte. Die Matrix seines eigenen Lebens war gerade ein zu gemütliches Bett. Nun, er lebte jetzt, sagte er sich.

An der Grenze der Träume wurde er durch ein seltsames Geräusch an Deck zurückgebracht, ein Geräusch von Schritten, viele Stimmen und über allem das Brüllen von Lund, der nicht um Hilfe bat, sondern herausfordernd brüllte.

Rainey sprang im Halbschlaf von seiner Koje und stürzte aus dem Zimmer. Er hatte keinen Zweifel daran, was passiert war; Die Jäger hatten Lund angegriffen! Und da er den Besitz von Schusswaffen nicht gewohnt war und immer noch schläfrig war, vergaß er die Automatik und war fest entschlossen, sich dem Schrei des Riesen anzuschließen. Als er zum Niedergang ging, kam das Mädchen aus dem Zimmer ihres Vaters.

"Was ist es?" Sie weinte.

„Lund – Jäger!" rief Rainey zurück, während er die Treppe hinauf raste. Er glaubte, ein „Warten" von ihr zu hören, aber das Stampfen und Schreien war laut in seinen Ohren und er stürzte sich an Deck. Als er herauskam, sah er das unbewegte Gesicht von Hansen am Steuer, dessen blassblaue Augen auf die Leinwand blickten und dann ein Funkeln annahmen, als sie sich mittschiffs drehten.

Lund sah aus wie ein Bär, umgeben von der Hundemeute. Er stand aufrecht, während die sechs Jäger auf ihn einschlugen. Zwei hatten ihn in der Mitte gefangen, einer von vorne und einer von hinten, und während der Kampf hin und her tobte, wurden sie von Lund von den Füßen gerissen, erschlagen und getreten, um sie daran zu hindern, an die Waffe im Holster zu gelangen unter seinem Mantel nahe an seiner Achselhöhle befestigt.

Lunds Arme schwangen wie Keulen, seine großen Hände zupften an ihren Griffen, während er Salven tiefseeiger, trotziger Flüche brüllte und ab und zu einen Mann schüttelte oder abschlug, der knurrend zum Angriff zurückstürmte.

Obwohl der Kampf kurz war, als Rainey ankam, gab es zahlreiche Beweise dafür. Die Kleider waren zerrissen und die Gesichter blutig, und die Männer keuchten bereits, als Lund sie hin und her schleifte, rudernd, schlagend, halb erstickt, aber immer von unten auftauchend, wie ein Fels, der aus dem Ausbruch einer schweren Welle auftaucht.

Und die Stimme des Kampfes, Grunzen und Knurren, keuchende Schreie und gebrochene Flüche, war der Lärm gefräßiger Bestien. Soweit Rainey in einem kurzen Moment, bevor er vorwärts rannte, sehen konnte, wurden keine Messer verwendet.

Ein Jäger stürzte sich schwer und selbstbewusst auf ihn zu, während die anderen Lund für einen schicksalhaften Moment auf die Knie zwangen, sich auf ihn stapelten und mit kehlig klingenden Schreien des eingebildeten Sieges Schläge austeilten.

Raineys Mann schlug zu, und die Kraft seines Arms, unterstützt durch sein Schleudergewicht, durchbrach Raineys Abwehr und ließ den Arm taub zurück. Im nächsten Moment standen sie ganz nah beieinander, schwangen wie verrückt hin und her, erfüllt von dem Wunsch, den anderen niederzuschlagen, zu verstümmeln, zu töten. Ein Schlag traf Raineys Wange, ließ ihn benommen zurückschlagen, schlug wild zu und versuchte, die kolbenartigen Schläge des Jägers zu stoppen, der ihn umklammerte und versuchte, ihn zu Fall zu bringen, während er auf das wilde Gesicht über ihm einhämmerte, als sie beide zu Boden gingen und hineinrollten die Speigatte, die sich gegenseitig zerfleischen.

Er spürte die Hände des Mannes an seiner Kehle, die ihm nach und nach die Sinne, den Atem und die Kraft entzogen, und warf sein Knie mit aller Kraft nach oben. Es traf den Jäger direkt in der Leistengegend, und er hörte, wie der Mann vor plötzlicher Qual aufstöhnte. Aber er selbst war fast draußen. Der Mann schien für eine Sekunde zu verschwinden, die erstickten Finger entspannten sich und Rainey schnappte nach Luft. Seine Augen schienen durch den heftigen Griff überanstrengt zu sein, und vor ihnen lag ein Nebel, durch den er das Brüllen von Lund hören konnte, das wie ein Sirenenstoß klang und verriet, dass er immer noch kämpfte und immer noch zuversichtlich war.

Dann sah er das Gesicht des Jägers dicht an seinem Rücken, spürte, wie das ganze Gewicht des Mannes ihn zerquetschte, spürte, wie die Zähne durch Stoff und Fleisch schnitten, wie sie in seine Schulter einschnitten, während der Mann auf ihm lag und sich bemühte, ihn festzuhalten, bis er erlangte die Kraft zurück, die der Schlag in die Leistengegend vorübergehend aufgehoben hatte.

Für einen Moment sackte Raineys Geist zusammen, seine eigene Kraft war erschöpft, sein Wille war geschwächt, seine Lungen waren platt. Für einen Moment wollte er dort liegen bleiben – aufhören.

Dann spannte sich der Körper des Jägers zum Handeln an, und als er das spürte, kam Raineys nachlassender Stolz zurück, und er hob und drehte sich und schlug mit dem anderen auf seine Nieren, bis das Rollen des Schoners sie dazu brachte, sich zu drehen und wieder nach Lee zu taumeln .

Es kam ihm vor, als hätte er eine Stunde lang gekämpft, und doch hatte sich alles während des Sprungs der *Karluk* zwischen zwei langen Wellen zugetragen, die sie mit einem Seitensprung gegen Meer und Wind bewältigt hatte.

Rainey kam an die Spitze. Der Kopf des Jägers prallte heftig gegen die Reling. Seine Schulter war frei, aber er konnte die Ausfransungen seines Mantels in den Zähnen des anderen sehen. Der Schmerz in seiner Schulter war offensichtlich und der Anblick der Wollfetzen machte ihn wahnsinnig. Die Taktiken jungenhafter Kämpfe kamen ihm wieder in den Sinn, und er löste sich von den Armen, die ihn umarmten, beugte sich vor, bis er auf der Brust des Jägers saß, legte ein Knie auf einen der beiden Bizeps und schlug dem anderen ins Gesicht, während es sich von einer Seite zur anderen drehte hilflos, einen Brei daraus machend, bestrebt, jeden Anschein von

Menschlichkeit auszulöschen, ein Rohling wie die anderen, darauf bedacht, Blut zu zerquetschen, Blut zu vergießen, jeden Widerstand zu einer zitternden, geistesgestörten Masse niederzuschlagen.

Der Jäger lag schließlich still unter ihm, seine Nervenzentren waren durch einen Schlag, der sie kurzgeschlossen hatte, zerstört, und Rainey stand müde auf. Die Daumen des Jägers drückten tief auf jede Seite seines Halses, und sein Kopf fühlte sich vor Schwere wie Holz an, aber er schoß vor Schmerz. Die Kraft war aus ihm verschwunden. Er wusste, dass er einen weiteren Nahkampf nicht ertragen konnte, während einer aus der Menge immer noch über Lund tobte, der wieder auf den Beinen war.

Rainey sah sein Gesicht, eine rote Maske aus Blut und Haaren, und seine achatfarbenen Augen leuchteten im Glanz des Kampfes. Er brüllte nicht mehr und sparte sich den Atem. Hände umklammerten ihn und Fäuste fielen, ein Mann zerrte an jedem Knie seiner Beine, die weit auseinander standen und so stabil waren wie die Masten selbst.

Lunds Arm hob sich, hob einen Jäger vom Deck, schüttelte ihn irgendwie ab und stürzte zu Boden. Einer der Männer, die ihn an den Beinen packten, stürzte bewusstlos von dem Stoß, den er an der Seite seines Schädels bekam, und Lunds Tritt ließ ihn schlaff über das Deck huschen, aus dem Kampf, der nicht mehr lange dauern konnte.

All dies geschah, als Rainey, immer noch benommen, sich durch das Dachfenster auf den Begleiter bediente und so schnell er konnte, um seine Waffe zu holen. Wenn er sich nicht beeilte , würden sie Lund mit Sicherheit töten. Kein Mensch konnte diesen Widrigkeiten länger standhalten.

Und wenn Lund getötet würde, würde die Hölle losbrechen. Als nächstes wäre er an der Reihe und das Mädchen wäre ihrer Gnade ausgeliefert. Der Gedanke spornte ihn an, klärte seinen pochenden Kopf, erschüttert von den Schlägen seines noch immer sinnlosen Gegners, der bald zu sich kommen würde.

Dann sah er das Mädchen an der Reling stehen, nicht geduckt, wie er es irgendwie erwartet hatte, und mit zitternden Händen den Anblick des Kampfes ausblendend, sondern mit leuchtendem Gesicht und leuchtenden Augen, wie eine römische Magd, zuschauend hätte vielleicht einen Gladiatorenkampf gesehen; begeistert von dem Spektakel, die Hände umklammern die Reling und beugen sich ein wenig nach vorne.

Sie bemerkte Rainey nicht, als er an Hansen vorbeischlich, den Schoner immer noch lenkte und sie auf ihrem Kurs hielt, unerschütterlich, offenbar ohne Rücksicht auf die Angelegenheit. Als er die Treppe hinunterstolperte, blitzten in seinem Gehirn die Gedanken auf, die er in seiner Koje verfolgt hatte, unterbrochen durch den Lärm des Kampfes und seine Teilnahme.

Das war Sex, primitiv, vorherrschend! Das Mädchen muss spüren, was mit ihr passieren könnte, wenn Lund untergeht. Sie hatte keine Augen für Rainey, ihre Seele war in den Armen und unterstützte Lund. Der Glanz in ihren Augen stand für die Stärke seiner besten Männlichkeit, verglichen mit den anderen, nicht als Person, als Individuum, sondern als Verkörperung des siegreichen Mannes.

Er nahm die Waffe und schnappte sich einen Schluck Brandy, der wie schnelles Feuer durch seine Adern lief und ihn wiederbelebte, so dass er die Leiter hinaufrannte und an Deck kam, bereit, eine entscheidende Hand zu ergreifen.

Aber es fiel ihm nicht leicht, in dieser wirbelnden Masse einen Schuss zu riskieren. Sie schienen alle armmüde zu sein. Schläge stiegen und fielen nicht mehr. Lund schleppte das tote Gewicht von ihnen allen langsam zum Mast. Die beiden Männer auf dem Deck lagen immer noch da. Raineys Gegner versuchte aufzustehen und wischte sich blind das Blut aus dem Gesicht.

Das Mädchen stand immer noch am Geländer. Hinter der ringenden Masse standen die Seeleute und boten an, nicht mitzumachen. Ihre Arme schwangen wie Affen, ihre stumpfen Gesichter arbeiteten. Tamada stand neben dem vorderen Begleiter, die Arme verschränkt, gleichgültig, neutral.

Dann sah er das Mädchen am Geländer stehen

All das sah Rainey, als er umkreiste, während die Masse wie ein Abstinenzler herumwirbelte. Die Action raste wie ein über die Zeit hinauslaufender kinetoskopischer Film. Ein Mann löste sich aus dem Gedränge, auf der gegenüberliegenden Seite von Rainey, der die zerzauste Gestalt mit dem blutigen, zerschundenen Gesicht kaum als Deming erkannte. Dem Jäger war es gelungen, an Lunds Waffe zu gelangen. Raineys Ziel wurde durch einen plötzlichen Ansturm der Männer vereitelt. Er sah, wie Lund sich hob, sah, wie sein rotes Gesicht mit offenem Mund nach oben schwankte und noch einmal brüllte, sah, wie sein Bein zu einem gewaltigen Tritt nach oben fuhr, der Demings ausholenden Arm dicht am Ellenbogen traf, sah, wie die Waffe schimmerte, als sie nach oben und über Bord schoss Und Deming taumelte zurück, umklammerte sein gebrochenes Glied und fluchte vor Schmerz, um sich an die Reling zu stellen und den Seeleuten zuzurufen:

„Macht euch darauf ein, ihr verdammten Feiglinge! Machtt euch darauf ein und beruhigt ihn!"

Selbst in diesem Moment wurde Rainey der Sarkasmus des Rufs „Feiglinge" bewusst. Im nächsten Moment war das Mädchen an ihm vorbeigesprungen. In ihrer Hand glitzerte Metall, als sie es aus ihrer Bluse zog. Diesmal sah sie ihn. "Aufleuchten!" Sie weinte. Und schoss zwischen den Kämpfern und der stürmenden Gestalt Demings hindurch, der versuchte, sie mit seinem einen gesunden Arm zu packen, aber scheiterte.

Rainey raste hinter ihr her, gerade als Lund den Mast erreichte. Das Mädchen hatte eine vernickelte Pistole in der Hand und bedrohte die mürrische Reihe unentschlossener Seeleute. Rainey mit seiner Waffe wurde nicht gebraucht. Er hörte Lund einen triumphierenden Schrei ausstoßen und sah, wie er auf die Köpfe von dreien einschlug, die sich immer noch an ihn klammerten.

Während des gesamten Kampfes hatte Lund einen kühlen Kopf bewahrt und kämpfte um das Ziel, das er schließlich erreicht hatte: Er wollte das Mastgestell mit den Sicherungsnägeln erreichen, einen der Hartholzkeulen ergreifen und mit dieser Waffe seine Angreifer zu Boden schlagen.

Er stand am Mast, seine Kleidung war ihm fast ausgezogen, und das Weiß seines Fleisches schimmerte durch die Fetzen und war blutbefleckt. Abgesehen von seinen Augen war sein Gesicht nicht mehr menschlich, sondern nur noch eine Masse aus enthäutetem Fleisch und verklumptem Bart. Aber seine Augen strahlten vor Kampf, und als Rainey hinsah, veränderten sie sich. Etwas Überraschung, dann Freude sprang in sie hinein, gefolgt von einem brennenden Aufflackern, das denen des Mädchens entsprach, das sich, während Rainey die Seeleute zurücktrieb, bei Lunds Siegesschrei umgedreht hatte.

Lund machte einen taumelnden Schritt vorwärts über die liegenden Körper der Männer auf dem Deck, die mit Blut bespritzt waren.

"Von Gott!" sagte er langsam, seine Arme öffneten sich, seine großen Finger waren ausgestreckt, sein Blick auf das Mädchen gerichtet, „Bei Gott!"

Das Gesicht des Mädchens veränderte sich. Ihre Augen wurden ängstlich und kalt. Das zurückfließende Blut ließ ihre Wangen blass werden, und sie drehte sich um und floh, wich hinter Tamada aus, der ihr nachgab, um sie passieren zu lassen. Seine elfenbeinfarbenen Gesichtszüge zeigten keine Regung, und er verschloss den vorderen Niedergang, als Peggy Simms nach unten tauchte.

Lund folgte ihr nicht. Stattdessen lachte er kurz und schien Rainey zum ersten Mal zu sehen.

„Mich angesprungen, der Haufen von ihnen !" sagte er, seine Brust hob und senkte sich, sein Atem kam stoßweise aus seiner arbeitenden Lunge. „Konnte meine Waffe nicht benutzen. Aber ich habe sie abgeleckt . Verdammt ! Gleich ? Hölle!"

Er schien eine klare Erinnerung an den Kampf zu haben. Er lächelte Deming grimmig an, der ihn böse anstarrte, seinen gebrochenen Arm pflegte, und dann einen Blick auf den Mann warf, den Rainey besiegt hatte.

„War er wach, was? Gut für dich, Kumpel ! Du hättest deine Waffe nicht benutzen müssen. Nur ein Scherz, du hättest mich vielleicht erwischt. Und das Mädchen hatte schließlich eine."

Er schien über diesen Gedanken nachzudenken, als gäbe er ihm besonderen Anlass zum Nachdenken.

"Spiel!" er sagte. „Spiel, wie sie es machen !"

Er musterte die reumütigen, stöhnenden Kämpfer mit dem Lächeln eines Eroberers und wandte sich dann an die Seeleute.

„Hier, du!" Er brüllte, und sie zuckten zusammen, als würden sie durch den Schrei zum Leben erweckt. „Wirf einen Eimer Wasser über sie ! Schütte Wasser, bis sie unten auslaufen. Dann reinige die Decks. Außerhalb der Wache bist du da raus. Unten bei dir, wo du hingehörst. Spring!

„Sie haben alle fair gekämpft", fuhr er fort. „Kein Messer gezückt. Nur Deming dort, als er wusste, dass er geleckt wurde, hat versucht, meine Waffe zu ergattern. Du schreist, Deming", sagte er mit Verachtung, als hätte er dem Jäger ins Gesicht gespuckt. „Ich dachte, du wärst ein besserer Mann als die anderen. Aber du hast alte Zeiten . Geh runter und wir bringen dich wieder in Ordnung."

Er schritt zu Hansen hinüber, ruhig am Steuer.

„Wal, du eckiger Kopf mit dem Holzgesicht ", sagte er, „in welche Richtung glaubst du denn, dass es herauskommt? Verdammt, wenn du nicht gerade gespielt hast! Du hast sie auf Trab gehalten. Wenn du wolltest, hättest du schmeißen können." Wir sind alle ausgestreckt, und das hätte das Ende der Sache bedeutet , wenn ich am Boden wäre. Dafür bekommst du eine

Flasche Schnaps, Hansen, alles für deinen eigenen skandinavischen Bauch. Komm schon, Rainey. Tamada , ich will dich."

Während Tamada Schienen bekam und tat, was er konnte, um den schwer zerschmetterten Arm zu heilen, verspottete Lund Deming, bis das Gesicht des Jägers von nutzloser Wildheit gezeichnet war, wie das eines Wiesels in der Falle.

„Ich frage mich, ob du ihn überhaupt in Ordnung bringst, Tamada ", sagte er. „Er wollte dich aus deinem Anteil herausschneiden. Er hat dich einen gelbhäutigen Heiden genannt, Tamada . Was bringt dich dazu, ihn so sanftmütig zu machen? Du hast ihn da, wo du ihn haben willst."

Tamada , der die Schienen fachmännisch befestigte, blickte Deming mit starren Augen an, die keine Emotionen erkennen ließen.

Lund fuhr sich mit der Hand übers Gesicht.

„Ich bin selbst ziemlich durcheinander", sagte er und streckte seine großen Arme aus. „Gib mir einen Fünf-Finger-Drink, Rainey, bevor ich aufräume. Etwas Schrott. Höllenkrach an Deck und ein toter Mann in der Kabine! Und das Mädchen! Hast du das Mädchen gesehen, Rainey?"

Aus der blutigen Maske seines Gesichts funkelten seine Achataugen Rainey mit einer Art gutmütiger Bosheit an. Rainey antwortete nicht, als er den Schnaps einschenkte.

„Machen Sie es mit vier Fingern ", rief Lund aus. „Deming wird ohnmächtig. Einer für Doc Tamada ."

Der Japaner entschuldigte sich und half Deming, erschöpft vom Schmerz und verzehrt von verblüfftem Hass, durch den Galeerenkorridor. Dann kam er mit warmem Wasser in einem Becken zurück – und Handtüchern.

„Nach diesem fröhlichen kleinen Aufruhr", sagte Lund und wischte sich das Gesicht ab, „werden wir vielleicht ein schönes, ruhiges, vornehmes Schiff haben. Meine Waffe ist über Bord gegangen, nicht wahr? Überlassen Sie mir besser das, das Sie haben." Ich habe es, Rainey.

Er streckte seine Hand danach aus. Rainey lieferte es widerwillig ab. Es gab nichts anderes zu tun, aber er hatte mehr denn je das Gefühl, dass die *Karluk* von nun an ein Ein-Mann-Schiff sein sollte, das nach dem Willen von Lund gesteuert werden sollte.

Aber auch das Mädchen hatte eine Waffe. Er umarmte diesen Gedanken. Sie trug es zu ihrem eigenen Schutz und würde nicht zögern, es zu benutzen. Was für ein Mädchen sie war! Was für eine Frau! Eine Frau, die *sich paaren würde* – und nicht wegen der ruhigen Sicherheit eines Zuhauses heiraten würde. Rainey stellte sich sie vor wie einen Teich, den man mit einem Stein auslotet und denkt, er sei ziemlich flach, um dann zu entdecken, dass es sich um einen Abgrund mit unbekannter Tiefe und unbekannten Strömungen handelt, der zu lächelnder Stille oder plötzlichem Sturm fähig ist.

- 109 -

KAPITEL XIII

DIE GEWEHRPATRONEN

Das Mädchen erschien nicht zum Abendessen. Sie hatte Tamadas Vorschläge durch die Tür abgelehnt . Lund trank viel, aber ohne Wirkung, außer dass er, nachdem die Japaner den Tisch abgeräumt hatten, in verhältnismäßiges Schweigen versunken war, als er und Rainey zusammensaßen. Im Gegensatz zur Aufregung des Kampfes hatte sich ihre Stimmung geändert, ernüchtert durch den Gedanken an das Mädchen, das tot im Zimmer des Kapitäns saß.

Rainey war verletzt und steif, und Lund bewegte sich weniger leichtgängig als sonst. Das Fleisch seines Gesichts war so zertrümmert, dass es in großen Flecken mattviolett wurde, was ihm vor seinem Namensbart ein teuflisches Aussehen verlieh.

„Wir müssen uns diese Patronen besorgen ", sagte er nach einer langen Pause. „Carlsen hatte sie irgendwo versteckt, wahrscheinlich in seinem Zimmer. Das Beste, was man tun kann, ist, sie über Bord zu werfen. Es ist billiger, die Patronen und Patronen wegzuwerfen als die Gewehre und Schrotflinten."

„Sehen Sie", fuhr er fort, „Deming gibt nicht auf. Das ist eine Sache bei einem Mann, der von Schreien durchzogen ist, wenn er offen geleckt wird und weiß, dass er richtig geleckt wurde, dann versucht er es sogar hinterhältig. Er weiß es." Ein Scherz, genauso gut wie ich, dass Carlsen damals gelogen hat, dass es keine Granaten mehr gäbe. Natürlich hat der Kapitän sie vielleicht verstaut , aber ich bezweifle es. Ein Scherz , solange er glaubt, dass es eine Chance dazu gibt Wenn er sie angreift , wird er eines Tages versuchen , den Spieß umzudrehen . Und er wird den Rest von ihnen auf den neuesten Stand bringen .

„Ohne ein Navi können sie nicht viel machen", meinte Rainey.

„ Vielleicht gehen sie davon aus, dass ein Mann viele Dinge tun wird, die er nicht tun möchte, wenn ihm ein Gewehrlauf im Nacken oder im Kreuz steckt", sagte Lund grimmig. „Es ist eine gute Überzeugungskraft. Könnte sogar einen gewissen Einfluss auf mich haben. Andererseits könnte es auch nicht sein."

„Wo ist die Zeitschrift?" fragte Rainey.

„In dem kleinen Raum hinter der Kombüse. Wir werden dort zuerst nachsehen. Komm schon."

„Wie wäre es mit den Schlüsseln? Carlsens muss in seinen Taschen gewesen sein. Ich habe sie nicht gesehen, als ich nach dem Morphium gesucht habe. Da können wir nicht rein." Rainey machte eine Bewegung in Richtung des Kapitänszimmers. Lund kicherte.

„Als ich bei der letzten Reise an Bord war, hatte ich meine Schlüssel für den Safe und das Magazin", sagte er. „Sie waren bei mir, als wir aufs Eis gingen. Und ich habe an ihnen festgehalten . Allus dachte, ich hätte vielleicht eine Chance, sie zu benutzen." wieder .

Der Tresorraum der *Karluk* war ein schmales Abteil, das stark von der Kombüse und dem Korridor abgetrennt war. Dort stand eine Lampe, und Rainey zündete sie an, während Lund die Tür hinter ihnen schloss. Das Magazin war eine eiserne Truhe, die mit zwei Vorhängeschlössern am Boden und an der Seite des Gefäßes befestigt war und mit verschiedenen Schlüsseln geöffnet werden konnte. Es war ziemlich leer.

„Gründlicher Mann, Carlsen", sagte Lund. „Wenn nötig, war ich auf einen Showdown vorbereitet. Hätte sie vielleicht in den Safe stecken können. Ich frage mich, ob er die Kombination geändert hat? Ich wette, Simms hat das Jahr für Jahr nicht getan."

Er arbeitete an der Scheibe und grunzte, als die Becher einrasteten.

„Es hat sich nicht geändert", sagte er. „Es hat keinen Sinn, hierher zu schauen ." Aber er öffnete die Tür und kramte in Büchern und Papieren, wobei er einen Chronometer und eine kleine Geldkassette entdeckte, in der sich die begrenzte Bargeldmenge des Schoners befand. Von Patronen war nichts zu sehen.

„Als nächstes werden wir Carlsens Zimmer in Angriff nehmen", kündigte er an. „Ich nehme nicht an, dass Sie zwischen den Etagenmatratzen hindurchgeschaut haben, oder?"

„Ich habe nie daran gedacht", sagte Rainey. „Ich hätte nicht gedacht, dass es mehr als einen geben würde."

„Ich habe die Vermutung, dass Sie zwei auf Carlsens Koje finden werden. Und die Muscheln dazwischen . Er hielt seine Tür verschlossen, wenn er aus der Hauptkabine kam, und schlief in ihnen nachts. Das habe ich wäre angebracht.

Als sie die Hauptkabine betraten, packte Rainey Lund am Arm.

„Ich bin mir fast sicher, dass ich gesehen habe, wie Carlsens Tür sich geschlossen hat", flüsterte er. „Es könnte der Schatten gewesen sein."

„Aber vielleicht auch nicht. Das sollte mich nicht wundern. Einer von ihnen hat sich eingeschlichen. Er hat gesehen, dass die Hütte leer war, und dachte, wir wären schon da. Während wir im Tresorraum waren ."

Er nahm die Automatik aus seiner Tasche und ging direkt zur Tür von Carlsens Zimmer. Es war von innen verschlossen oder verriegelt.

"Der Dummkopf!" sagte Lund. „Ich habe gute Absichten, ihn dort bleiben zu lassen, bis er einige der Drogen schluckt , um seinen Bauch zu füllen." Er klopfte mit dem Gewehrkolben auf die Verkleidung.

„Komm raus, bevor ich Ärger mache."

Es gab keine Antwort. Lund sah Rainey unsicher an.

„Ich hasse es, wieder einen Aufruhr zu machen " , sagte er und deutete mit dem Kopf auf das Zimmer des Kapitäns. „„Graf von ihr. Ich schätze, er kann dort bleiben, bis wir Simms beerdigt haben. Er ist in Sicherheit."

Rainey war ein wenig überrascht über diesen Ausdruck von Nachdenklichkeit, äußerte sich jedoch nicht dazu. In letzter Zeit begann er ziemlich ständig zu denken, dass er Lund unterschätzt hatte.

Die Hand des Riesen senkte sich automatisch auf die Klinke, als wollte er sich vergewissern, dass die Tür fest war. Plötzlich öffnete es sich weit, eine schwarze Lücke, und nur das graue Auge des Bullauges war ihnen zugewandt. Lund hatte die Mündung seiner Pistole auf die Höhe der Brust eines Mannes gebracht, aber es gab nichts, was dagegen stand.

„ Versteck dich , der verdammte Idiot! Was ist das denn für ein Spiel? Komm da raus."

Etwas huschte über den Boden des Raumes – und schoss dann schnell auf allen Vieren zwischen den Beinen von Lund und Rainey hervor, wie ein großer Hund. Lockenförmig lag es mit weißem Gesicht und großen Augen auf dem Boden, die Hände flehend ausgestreckt, die Knie in einem lächerlichen Schutzversuch angezogen, und rief schrill mit der Stimme von Sandy:

„Nicht schießen, Sir! Bitte nicht schießen!"

Lund griff nach unten und riss den Landstreicher auf die Beine, wobei er ihn mit seinem Griff um den Hemdkragen des Jungen halb erwürgte und ihn auf einen Stuhl warf.

„Was hast du da drin gemacht ?"

Sandy schluckte krampfhaft und tastete an seinem dürren Hals, wo sich ein Adamsapfel auf und ab bewegte. Er hatte Angst vor dem Sprechen und konnte nur mit den Augen rollen.

„Du verdammter junger Verräter!" sagte Lund. „Dafür werde ich dich kielholen lassen! Raus damit. Wer hat dich geschickt? Deming?"

„Du hast ihn fast zu Tode erschreckt", warf Rainey ein. „Sie haben ihn wahrscheinlich dazu eingeschüchtert. Nicht wahr, Sandy?"

Der Junge blinzelte und Tränen des Selbstmitleids rollten über seine schmutzigen Wangen. Die Erleichterung darüber schien seine Stimme zu betäuben . Das und die freundlichere Art von Raineys Befragung.

„Deming! Er sagte, er würde mir das verdammte Herz herausschneiden, wenn ich es nicht täte. Er ist ein Beale. Schau mal ."

Er zupfte die Vorderseite seines fast knopflosen Hemdes und der getragenen Unterweste beiseite und zeigte auf seiner linken Brust die Kerbe, wo eine scharfe Klinge einen unregelmäßigen Kreis auf seiner Haut markiert hatte.

„Beale hat das getan", jammerte er. „Deming sagte, sie würden den Job zu Ende bringen, wenn ich ohne sie zurückkomme ."

„Ohne die Muscheln?"

„Ja, Sir. Ja, Mr. Rainey. Oh, Gott , sie werden mich bestimmt töten! Oh, mein Gott !" Seine starren Augen und sein vor Angst arbeitender Mund ließen ihn wie einen frisch gelandeten Kabeljau aussehen.

„ Lebendig nützt dir das nicht viel", sagte Lund.

„ Vielleicht nicht ", erwiderte der Junge mit der Verzweiflung einer in die Enge getriebenen Ratte. „Aber ich habe ein Recht zu leben. Und ich habe auf diesem verdammten Schoner schlimmer gelebt als ein Idiot . Ich bin hell gestreift und habe blaue Flecken , Stiefel, Knöchel und Seilenden. Ich würde gehen habe mich schon vor langer Zeit hingeworfen, wenn –"

"Wenn was?"

Der Junge wurde mürrisch.

„Macht nichts", sagte er und starrte Lund fast trotzig an.

„Ist die Tür geschlossen?" fragte der Riese Rainey. „Einige von ihnen hängen vielleicht noch herum." Rainey ging zum Korridor und schloss den Eingang ab.

„Na dann, du junger Teufel", sagte Lund. „Was sie dir angetan haben Das ist kein Hinweis darauf, was ich mit dir machen werde, wenn du nicht den Mund aufmachst und antwortest, wenn ich rede. *Wenn was?* "

Sandy wandte sich an Rainey.

„Sie sagten, sie würden mir etwas von dem Gold geben", sagte er. „Sie sagten die ganze Zeit, ich solle den Hut für mich herumgehen lassen. Ich habe dir gesagt, ich wurde hochgezogen, aber da ist – da ist eine alte Frau, die gut zu mir war. Sie ist fairerweise dagegen. Ich habe es gesagt Ihr würde ich ihr etwas Geld zurückbringen, und wenn ich es durchhalten kann , werde ich durchhalten. Aber sie werden mich jetzt für immer fertig machen.

Rainey hörte, wie Lunds Kichern zu einem leisen Lachen wurde.

„Ich will verdammt sein, wenn sie dem Herrn nicht doch Mut machen", sagte er. „ Halte durch, um etwas Geld zu einer alten Frau zurückzubringen, die nicht einmal seine Mutter ist. Wer hätte das gedacht? Schau mal, mein Junge. Ich wurde auf die gleiche Weise hochgezogen, das war ich. Und ich hielt durch." . Aber aus diesem Haufen wirst du nie einen Cent herausbekommen . Ich weiß es nicht, denn sie werden Neid haben, den sie dir geben können."

Sein Gesicht wurde hart. „Aber du kommst durch, und ich werde dafür sorgen, dass du etwas für die alte Frau besorgst . Und du selbst auch. Außerdem kannst du achtern bleiben und in der Kabine warten. Wenn sie einen Finger auf dich legen, werde ich" Ich werde eine Faust auf sie legen, und noch schlimmer.

„ Das bist du nicht Machst du Witze ?"

„Das ist kein Scherz, mein Junge. So verschwende ich keine Zeit."

Sandy stand auf, sein Gesicht leuchtete. Er begann, seine Taschen zu leeren und legte Patronenhülsen und Schrotpatronen auf den Tisch.

„Ich konnte nicht mal ansatzweise die Hälfte davon auspacken " , sagte er. „Der Rest liegt unter den Matratzen. Sie sagten, sie bräuchten nur ein paar. Ich dachte, Sie wären beide eingeliefert worden. Als Sie aus dem Korridor kamen , hatte ich eine wahnsinnige Angst."

Zwischen den Matratzen fanden sie, wie Lund vermutet hatte, den Rest der Muscheln, in geordneten Reihen angeordnet, bis auf die Stelle, an der die zappelnden Finger des Jungen sie gestört hatten. Lund zog einen Kissenbezug ab und warf sie zusammen mit denen auf dem Tisch hinein.

„Du kannst hier schlafen", sagte er der dankbaren Sandy. „Jetzt werde ich ein paar Worte mit Deming, Beale und Company wechseln. Willst du mitkommen, Rainey?"

Lund schritt den Korridor entlang, die Tasche in der einen Hand, die Waffe in der anderen. Rainey öffnete die Tür des Jägerquartiers und entdeckte sie wie viele Verschwörer. Deming lag in seiner Koje; auch ein anderer Mann, dessen Rippen Lund gebrochen hatte, als er ihn über das

Deck getreten hatte, um ihm aus dem Weg zu gehen. Die verletzten Gesichter der anderen zeigten die Spuren des Kampfes. Als Lund eintrat, sie mit der Waffe abdeckte und klappernd den schweren Slip auf den Tisch schwang, veränderten sich ihre Blicke von gespannter Erwartung zu Bestürzung.

KAPITEL XIV

PEGGY SIMMS

„Mit der Ware erwischt!" sagte Lund. „Zwei Meutereiversuche an einem Tag, meine Jungs. Ihr wollt euch einreden, dass ich dieses Schiff von nun an leite Ihr an Land, das Gleiche, das ihr mit mir machen wolltet , wenn ihr nicht aufsitzt und aufpasst! Die Gewehre und Pistolen" – er warf einen Blick auf die geordnete Ausstellung von Waffen in den Regalen an der Wand – „sind zu wertvoll , um sie wegzuwerfen , aber hier sind die Granaten, jede letzte davon. Das macht *diesen* kleinen Plan zunichte, Deming."

Er drehte den Zettel zurück, um den Inhalt zu zeigen.

„Öffne einen Hafen, Rainey, und hieve alles raus."

Rainey tat dies, während die Jäger schweigend und verärgert zusahen.

„Da ist noch etwas", sagte Lund und grinste sie an. „Wenn jemand von euch sähe, wie ein Mann einem Hund wehtut, würdet ihr ihm wahrscheinlich eine Prügel verpassen. Aber ihr haltet nichts davon, einem unausgegorenen Jungen das Leben zu erschrecken und sein Fell wie einen zu markieren Flickenteppich. Der Junge bleibt danach hinten. Einer von euch spielt mit ihm, und ihr macht Witze darüber, was er macht , und wünschte, ihr wärt tot und über Bord."

Er machte auf dem Absatz kehrt und ging zur Tür, Rainey folgte ihm.

„Beerdigung des Kapitäns im Morgengrauen", sagte Lund. „Alle Mann an Deck, sauber und ordentlich gekleidet, um bereit zu stehen. Und wie du siehst , passt das Verhalten zum Anlass. Deming, du wirst auch rauskommen. Kein Simulant ."

Es war klar, dass ihnen die Nachricht vom Tod des Kapitäns bekannt war. Sie zeigten keine Überraschung. Rainey war sich sicher, dass Tamada es nicht erwähnt hatte. Es war durch die Weintelegrafie aller Schiffe durchgesickert. Zweifellos, dachte er, wurde die Achterkabine und ihr Treiben ständig ausspioniert.

„Werden Sie den Dienst übernehmen ? " fragte Lund Rainey, als sie wieder in der Hütte waren. „ Bist du ein gebildeter Kerl ?"

„Warum – ich weiß es nicht. Gibt es an Bord ein Gebetbuch? Ich dachte, der Kapitän hat immer den Vorsitz."

Wenn es darauf ankommt, bin ich nur stellvertretender Kapitän ", sagte Lund. „Es ist nicht mein Schiff. Ich mache nur einen Scherz." Ich betreibe es unter Vertrag mit meinem verstorbenen Partner. Das Schiff gehört dem Mädchen. Und Sie sind jetzt im regulären Dienst der oberste Offizier. Was ein Gebetbuch angeht, gibt es meines Wissens keinen einzigen Artikel an Bord. Aber ich möchte, dass es gut läuft. Für Simms und die Mädels. Ich schätze, er hat sein Bestes gegeben, um mir auf der Eisscholle nachzujagen . Vielleicht hätte ich das Gleiche auch selbst getan.

Rainey bezweifelte diese Aussage und führte sie auf Lunds Großzügigkeit zurück. Viele seiner letzten Worte und Taten hatten eine latente Gefühlstiefe zum Ausdruck gebracht, die er Lund nie zugetraut hatte. Er konnte sich des Glaubens nicht erwehren, dass das Mädchen sie auf irgendeine Weise an die Oberfläche gebracht hatte.

„Ich dachte, ich hätte eine Bibel im Safe gesehen", sagte er, „als wir nach den Muscheln suchten. Vielleicht gibt es dort ein Gebetbuch. Ich nehme an, es gab Gelegenheiten dafür. Der Maat ist auf der letzten Reise auf See gestorben."

„Vielleicht gibt es das", erwiderte Lund. „Da hat Simms es behalten. Er ist nicht das, was man einen religiösen Mann nennen würde. Wir werden einen Blick darauf werfen, bevor wir uns melden."

Für den toten Kapitän waren Ämter zu übernehmen, die das Mädchen trotz all ihrer Bereitschaft nicht übernehmen konnte. Lund erwähnte sie nicht, und Rainey überlegte, ob er sie stören sollte, bis er sah, wie er Tamadamit zusammengefaltetem Segeltuch und einer Fahne durch die Hütte ging. Der Japaner klopfte an die Tür, die ihm sofort geöffnet wurde. Er war erwartet worden.

Es bestand kein Zweifel daran, dass Tamada mit seiner medizinischen Erfahrung am besten für diese Aufgabe geeignet war, aber Rainey schien es auch, dass das Mädchen ihre Dienste absichtlich ignoriert hatte, und das, obwohl sie Lunds Kampf trotz aller Widrigkeiten unfreiwillig bewunderte oder aus Abscheu davor Sie hielt sie für feindselig gegenüber ihren Gefühlen. Lund weckte ihn, indem er von der Beerdigung für Simms sprach.

„Sie sind ein Schriftsteller", sagte er. „Was nützt es, zu wissen , wie man mit Worten umgeht, wenn man einen Dienst nicht vortäuschen kann? Der eine ist so gut wie der andere, solange er wie das Original klingt."

„Ich glaube, es gibt einen Gott", fuhr er fort. „ Etwas , das die Dinge ins Rollen brachte, etwas , das die Sterne davon abhält, sich gegenseitig zu zerstören, aber nachdem Er die Uhr, die Er gemacht hat, aufgezogen hat, glaube ich nicht, dass Er sich viel um die Arbeiten kümmert.

„Glück ist die große Sache, die zählt. Wir sind alle bei dem Deal dabei. Einige von uns haben die Zweien und Treys, andere die Asse. Wenn du

Glück hast, sind die Dinge für dich sanft. Aber, wenn es so ist Wenn es nicht um Glück, um die Chance und die Hoffnung darauf geht, werden die Dinge im Handumdrehen auf den Kopf gestellt und zu schlichter Anarchie. Wenn es nicht die Idee des Porenteufels ist, dass sich sein Glück zum Besseren wenden muss, Vielleicht Ter-morrer , er würde anfangen und sich selbst die Kehle durchschneiden, oder jemand anderen sonst , wenn er genug Ingwer hätte."

„Es ist wohl kaum alles Glück, oder?" fragte Rainey. „Schau dich an! Du bist größer als die meisten Männer, stärker und besser gerüstet, um zu bekommen, was du willst."

"Hölle!" lachte Lund. „Ich hatte das Glück, so geboren zu sein. Aber man muss sich irgendeinen Gottesdienst ausdenken, der zu dem Mädchen passt. Du hast diese Bibel. Es sollte einfach sein. Simms wäre das völlig egal, Enny mehr als ich würde. Wenn du tot bist , bist du soweit fertig Enny , einer kann es dir beweisen. Eine Leiche ist ein Ärgernis, und je früher sie beseitigt wird, desto besser. Aber wenn es darum geht , dass die Lebenden sich besser fühlen , weil sie ein paar schöne Worte herausgeplaudert haben , dann lasst es euch wagen und eure Rede erfinden .

Peggy Simms rettete Rainey, indem sie ein Gebetbuch hervorholte und es nach Lund brachte. Ihr Gesicht war blass, aber gefasst genug, und ihre schattigen Augen waren ruhig, als sie es ihm reichte.

„Ich denke, Rainey hier hat es besser gelesen als ich", sagte er. „Er ist ein Gelehrter."

„Wenn du so willst", fragte das Mädchen. Sie schien ihren ersten Kummer überwunden zu haben und einen Griff über sich selbst gefunden zu haben, der zusammen mit der Würde ihres Trauerfalls, der bloßen Beherrschung ihres unbestrittenen Kummers eine Barriere zwischen ihr und Lund errichtete. Rainey war sich des Zauns bewusst, hinter den sich das Mädchen zurückgezogen hatte. Sie war höflich, aber sie bat diesen Dienst nicht als einen Gefallen, als eine freundliche Geste. Er vermutete, dass selbst eine Weigerung sie nicht sichtbar beeinträchtigt hätte. Sie umgab eine unsichtbare Rüstung, die jederzeit durch einen Schutzschild stiller Verachtung ergänzt werden konnte. Irgendwie hatte Sex sie und Lund für einen kurzen Moment in irgendeinen Kontakt gebracht, aber das gleiche Geschlecht, das einen anderen Aspekt zeigte, trennte sie irgendwie weit voneinander.

Lund zeigte, dass er es spürte, indem er sich offensichtlich verlegen mit den gespreizten Fingern durch den Bart fuhr, während Rainey schweigend das Buch entgegennahm und die Seiten nach dem Ritual der „Bestattung auf See" durchsuchte.

Lange vor Tagesanbruch waren an Deck die Vorbereitungen getroffen worden. Ein Teil der Reling war entfernt und ein Gitter angebracht worden, das im richtigen Moment gekippt werden konnte, um die Leiche des Kapitäns in die Tiefe zu befördern.

Das Meer tobte in langen Wellen, und die Sonne ging am klaren Himmel auf. Der Ozean war eisfrei, obwohl der Wind kalt war. Hier und da fing ein Berg in der Ferne das Funkeln der Sonne auf, und im Norden, parallel zu ihrem Verlauf, zeichneten sich die Gipfel der Aleuten-Inseln, zerbrochene Stützpfeiler einer alten Seebrücke , scharf am Horizont ab.

Um vier Uhr morgens hatten sich alle Wachleute versammelt, bis auf Tamada und Hansen, die mit dem in Segeltuch gehüllten, mit einer Fahne drapierten Leichnam von Simms erschienen, dessen Seetuch mit schweren Eisenstücken beschwert war. Peggy Simms folgte ihnen, und während sich die Mannschaft mit schlurfenden Füßen und sich immer wieder räuspernden Kehlen in einem Halbkreis versammelte, ordnete sie die Falten des Sternenbanners, die Hansen an einer Ecke an einer Lichtlinie befestigte.

Was auch immer Lund vorhatte, die Feierlichkeit des Anlasses hielt die Männer fest. Sie entblößten sich und standen mit gesenkten Köpfen da, die die verletzten Gesichter der Jäger verbargen. Lunds eigene beschädigte Gesichtszüge wurden gesenkt, als Rainey zu lesen begann. Nur Demings Gesicht, grau von der Anstrengung, an Deck zu kommen, und dem Schmerz in seinem Arm, hatte den Anschein eines spöttischen Grinsens, das größtenteils mutig war. Ein Jäger hatte seinen Arm in dem seines Kameraden mit gebrochenen Rippen eingeklemmt. Ein Seemann wurde ans Steuerrad geschickt, und der Schoner wurde gegen den Wind gehalten, so dass alle Schoten nah an der Innenseite des Boots waren und er sich auf einem fast ebenen Kiel hob und senkte.

Bei den Worten neigten Lund und Hansen das Gitter. Es entstand eine kurze Pause, als würde der Körper zögern, seine letzte Reise anzutreten, dann glitt er von der Plattform und stürzte ins Meer, wo er unter dem Druck der Gewichte sofort verschwand, wobei das Wasser zischend durchlüftete. Die Flagge, die von der Leine nach innen gehalten wurde, flatterte einen Moment und sank über das Gitter. Das Mädchen drehte sich mit erhobenem Kopf zu ihnen um.

„Danke", sagte sie und ging nach unten.

„Das ist vorbei", sagte Lund und ließ in einem langen Atemzug alle Gefühle heraus, die er möglicherweise unterdrückt hatte. „So, dann trimmen Sie das Schiff! Passen Sie auf, gehen Sie nach unten. Wir werden es fahren, so viel es geht."

Er übernahm selbst das Steuer, während die Männer auf die Plane sprangen und bald Lund so viel Geschwindigkeit wie möglich aus dem Schoner herausholte. Er war ein ebenso guter Segler wie Simms, neigte dazu, mehr Risiken einzugehen, war aber in der Lage, damit umzugehen.

Das Mädchen blieb unten und kam selten aus ihrer Kabine heraus, während Tamada dort ihre Mahlzeiten servierte. Rainey konnte sehen, wie Lunds Unmut über diese Haltung wuchs, die ihm völlig normal vorkam, auch wenn sie später zu Schwierigkeiten führen könnte, wenn sie beharrlich anhielt. Doch an dem Morgen, als sie über den Sequam Pass zwischen den sprudelnden Riffen der Sequam- und Amlia -Inseln hinauffuhren, kam sie an Deck und ging vorwärts zum Bug, atmete tief die erfrischende Luft ein und blickte nach Norden auf die freie Weite der Beringstraße. Rainey ließ sie in Ruhe, aber Lund begrüßte sie, als sie nach achtern zurückkam.

„Freut mich, Sie wieder an Deck zu sehen, Miss Peggy", sagte er. „Man braucht Sonne und Luft, um wieder in Form zu kommen ."

Während er sprach, strahlte sein Blick lebhafte Bewunderung für sie aus, ein Blick, der mit einer offenen Zustimmung über ihre rundliche Figur strich, die Rainey missfiel, der das Mädchen aber keine Beachtung schenkte. Sie schien sich zu einer Änderung ihrer Einstellung entschlossen zu haben.

„Wie weit müssen wir noch gehen?" Sie fragte.

„ Bis zur eigentlichen Meerenge sind es noch fast tausend Meilen ", sagte Lund. „Die Dampferstraße Nome-Unalaska liegt im Osten. Sie verläuft in der Nähe der Pribilofs , dreihundert Meilen nördlich, mit Hall und St. Matthew dreihundert Meilen weiter. Dann kommt die St. Lawrence Isle, genau in der Mitte der Meerenge, mit Sibirien und Alaska stehen vor der Tür.

Er wollte sie unbedingt ins Gespräch bringen, und sie hörte bereitwillig zu und stimmte fast eifrig zu, als er ihr anbot, ihre Positionen auf der Karte anzuzeigen, die auf dem Kabinentisch ausgebreitet war. Lund sprach gut, trotz seines begrenzten und manchmal gruseligen Wortschatzes, wann immer er vom Meer und von seinen eigenen Abenteuern sprach, er schilderte sie ohne Prahlerei, brachte aber eindrucksvolle Bilder der Aktion hervor, voller Farbe und Geschmack des Lebens auf dem Meer roh. Von da an kam Peggy Simms an den Tisch und redete frei mit Lund, konservativer mit Rainey.

Der Zeitungsmann war kein erfahrener Analytiker der weiblichen Natur, aber er sah oder glaubte zu sehen, wie das Mädchen Lund aufmerksam beobachtete, wenn er redete, und ihn musterte, manchmal mit mehr als einem Anflug von Zustimmung, manchmal mit einem verwirrten, scheinbaren Blick an einem Problem arbeiten. Die Zuneigung des Riesen zu ihr, die manchmal jungenhaft war oder schnell in eine mutigere Wertschätzung überging, wuchs von Tag zu Tag.

Rainey entschied, dass das Mädchen Lund belustigte und wissen wollte, wie sie ihn mit ihren weiblichen Methoden kontrollieren und in Grenzen halten konnte. Es schien, als hätte sie ihre Kälte beiseite geschoben, als Mittel, das sich als zu provozierend und wertlos erweisen könnte.

Und Raineys Wertschätzung ihrer Ressourcen stieg. Sie ging mit den Waffen ihrer Frau bewundernswert um, doch wenn er manchmal nachts unter der Kabinenlampe das schwelende Licht in Lunds Achataugen aufleuchten sah, wusste er, dass sie ein gefährliches Spiel spielte.

„Was meinst du ? Willst du mit deinem Anteil klarkommen , Rainey ? , obwohl Lund zerbrochene Eisschollen vorhersagte, sobald sie durchkamen. Die Hütte war gemütlich, mit einem Herd, der lief. Peggy Simms war mit Nähen beschäftigt, der Kanarienvogel und die Pflanzen verliehen dem Ort eine häusliche Atmosphäre, und Lund, der gemütlich rauchte, war hervorragend dabei Leichtigkeit.

„Das hängt davon ab , wie die Männer es herausgefunden haben ", fuhr er fort, „obwohl ich schätze, dass sie mehr unter als über der Marke liegen, werden Sie vierzigtausend Dollar haben . Das ist ein ziemlicher Glücksfall, wenn auch nichts." „An Miss Peggy hier oder an mich. Ich nehme an , Sie haben bereits alles ausgegeben."

„Das weiß ich nicht", sagte Rainey. „Aber ich denke, wenn alles gut geht, werde ich mir einen Platz oben in der Coast Range, in den Mammutbäumen mit Blick auf das Meer, suchen und schreiben. Kein Zeitungskram, sondern das, was ich schon immer wollte. Geschichten. Garne von." Abenteuer!"

Peggy Simms blickte auf.

„Das hast du noch nie gemacht?" Sie fragte.

„Nicht zufriedenstellend. Ich nehme an, dass das Genie in einer Dachstube brennt, aber ich halte mich selbst nicht für ein Genie, und ich mag keine Dachstuben. Ich habe die Idee, dass ich besser schreiben kann, wenn ich nicht das Brot ertragen muss–" und-Butter-Sorte der Routine.

„ Willst du Second-Hand-Sachen schreiben?" fragte Lund. „Warum *lebst* du nicht, was du schreibst? Ich verstehe nicht, wie es dir geht Ich werde einem Mann unter die Haut gehen, indem ich mit einem japanischen Diener, einer Porzellanbadewanne und einem Frühstück im Bett in einem Bungalow hocke. Warum reist du nicht und siehst dir die Dinge so an, wie sie sind? Wie zum Teufel willst du ein Abenteuer schreiben, wenn du es nicht lebst?

„Ich werde mir einen Schoner bauen lassen, der nach meinen eigenen Vorstellungen gebaut ist. Vielleicht einen Kickermotor drin haben und um die Welt reisen. Was nützt es, davon zu leben und es nicht zu wissen ?" Ich schätze, Bücher und Bilder sind in ihrer Art in Ordnung, aber solange meine Ausrüstung hält, bin ich auf Reisen. Vielleicht werde ich nach einer Weile eine Inselgruppe unten in der Südsee nehmen. Machen Sie etwas aus ihnen . Kein Scherz, *Kopra* eine Perlmuttschale, aber Baumwolle und Gummi.

„Ein König und sein Königreich", schlug das Mädchen vor.

„Ja, und vielleicht eine Königin dazu", antwortete Lund, seine Augen weit aufgerissen, so dass das Mädchen errötete und Rainey spürte, wie das verborgene Problem, von dem er glaubte, dass es kommen würde, an die Oberfläche stieg.

„Das ist das Leben *eines Mannes* ", fuhr Lund fort. „Reisen ist in Ordnung, aber ein Mann muss etwas tun , sich wehren , etwas anfangen . Und ein blutrünstiger Mann möchte die richtige Art von Frau als Partnerin haben. Seine Ecken und Kanten abpolieren, vielleicht ..." Ich möchte lieber ein rauer Gips sein, der ein wenig aushalten kann, als ein glatter und plattierter . Und wenn ich die richtige Frau finde, eine von meiner eigenen Sorte , werde ich mich an sie binden und sie anziehen Mich.

„Ich werde reich werden. Sie haben den Sand von Nome gesäubert, aber zwischen Cape Hope und Cape Barry werden noch andere zu finden sein . In der Zwischenzeit haben wir selbst einen Seifenspender. Mit reichlich Aus Gold stellen sie kaum eine Grenze für das dar, was ein Mann tun kann. Ich habe mein ganzes Leben lang hart daran gearbeitet, und ich bin nicht auf der Suche nach Leichtigkeit. Es macht einen Mann weich. Aber –"

Er musterte die Gestalt des Mädchens in einer Pause, die seinen Gedankengang beredt verdeutlichte. Das beunruhigte sie, aber Lund hielt daran fest, bis sie den Blick von ihrer Arbeit hob und ihn herausforderte. Rainey sah, wie sich ihre Brust hob, wie sie darum kämpfte, dem Blick standzuhalten, wie sie rot und dann blass wurde. Er dachte, ihre Augen zeigten Angst, und dann versteifte sie sich. Fast unbewusst hob sie ihre Hand dorthin, wo Rainey sich sicher war, dass sie die kleine Pistole aufbewahrte, berührte etwas, als wolle sie sich dessen Anwesenheit vergewissern, und nähte weiter. Lund kicherte, richtete seinen Blick aber auf Rainey.

das nicht auf? v'yage ? Wenn alles vorbei ist? Es gibt Abenteuer für Sie, und wir nicht Ich bin damit durch. Vielleicht auch eine Romanze . Wir haben nicht so viel von einer Liebesgeschichte entwickelt wie du , aber das merkt man nie."

Er lachte, und Peggy Simms stand leise auf, faltete ihre Näharbeit zusammen und sagte gelassen „Gute Nacht", bevor sie in ihr Zimmer ging.

„Wie wäre es, Rainey?" fragte Lund. „Wie wäre es mit dem Liebesteil davon? Sie ist eine Schönheit, und sie wird eine Erbin sein. Hast du nicht viel rotes Blut in deinen Adern? Willst du sie nicht? Du wirst nicht viele finden, die eine halten könnten." Kerze für sie. Sieht aus wie eine Rennyacht gebaut , glatt und schnell. Klug und obendrein reich. Warum liebst du nicht mit ihr?"

Rainey spürte, wie ihm das brennende Blut ins Gesicht und ins Gehirn stieg.

„Ich bin nicht in Miss Simms verliebt", sagte er. „Wenn ich es wäre, würde ich unter diesen Umständen nicht versuchen, mit ihr zu schlafen. Sie ist allein und sie ist vaterlos. Ich habe keine Lust, über sie zu sprechen."

„Sie ist eine Frau", sagte Lund. „Und du bist ein verdammter Idiot! Du würdest mich am liebsten umhauen, aber du weißt, dass ich stärker bin. Du hast Mut, Rainey, aber du bist engstirnig. Du hast nicht den Mut, Rainey. Wenn du so viel Ärger hast, den sie hat. Sie ist eine Frau, sage ich dir, und man muss sie gewinnen. Wenn du sie willst, warum stehst du nicht auf und versuchst, sie zu erobern ? Anstatt wie eine kranke Katze herumzusitzen , wenn ich zufällig ihr Aussehen bewundere?

„Ich habe dich gesehen. Ich bin nicht länger blind , weißt du . Sie ist eine Frau und ich bin ein Mann Das Mädel kriegt eine Schachtel Süßigkeiten und läuft mit kleinen Füßen herum und schreibt ihr Gedichte. Du willst das Leben *schreiben* und ich will es *leben* . So ein Mädel tut das auch. Sie ist mehr mein Schlag als früher , wenn sie das kann Aufklärung . Und sie ist aus Fleisch und Blut. Das Gleiche wie ich. Du bist zur Hälfte Sägemehl. Du bist vollgestopft.

Er ging lachend an Deck und ließ Rainey wütend, aber hilflos zurück. Lund schien die Situation für offensichtlich zu halten. Zwei Männer und eine Frau, die in vielerlei Hinsicht attraktiv war. Die *einzige* Frau an Bord des Schoners, daher umso begehrenswerter, bewundert von Männern, die vom Rest der Welt abgeschnitten waren.

Er erwartete, dass Rainey in sie verliebt war, dass er aufstand und es ihr sagte und sich bemühte, sie für sich zu gewinnen. Lund suchte den Eifer des Wettbewerbs. Er könnte nach einem Vorwand suchen, um Rainey zu vernichten.

Aber er hatte gesagt, sie sei von seiner Sorte, und das war ein wahrer Ausspruch. Wenn Lund ein Sohn des Meeres war, war sie die Tochter einer Seemannslinie. Lund wollte sie früher oder später mitnehmen, ob er wollte oder nicht. Er hatte es noch am selben Abend gesagt, nicht allzu heimlich. Und wenn Rainey als Beschützer zwischen ihr und Lund stehen wollte , würde Lund ihn in dieser Rolle nur als Liebhaber und Rivalen des Mädchens akzeptieren.

Und Rainey wusste nicht, ob er in sie verliebt war oder nicht. Er konnte sich des Mädchens nicht einmal sicher sein. Es gab Zeiten, in denen Lund sie zu faszinieren schien. Eines wollte er tun: bereit zu sein, ihr gegen Lund zu helfen, falls sich die Gelegenheit dazu bot und sie Schutz brauchte. Das Glück, wie Lund es ausdrückte, das dem Riesen Muskeln verliehen hatte, hatte Rainey Verstand gegeben. Wenn die Zeit gekommen wäre, würde er sie nutzen.

Danach mied das Mädchen Lunds Gesellschaft so weit wie möglich und suchte die von Rainey auf. Sie durchquerten die Meerenge und gelangten in den Arktischen Ozean. Überall um sie herum war Eis, Felder aus riesigen gefrorenen Wasserblöcken, die durch breite Gassen getrennt waren, durch die sich die *Karluk* langsam ihren Weg bahnte, ein Labyrinth aus Eis, immer bedrohlich, das Lunds gesamtes Können erforderte, während er vor jeder Barriere, jeder Veränderung wütend war des Wetters, das immer kälter wurde.

Der Himmel wurde nie vollständig von Nebel verdeckt, und nachts, als sie mit doppelten Aussichtspunkten einen gefrorenen Fjord hinuntersegelten, schienen die knirschenden Geräusche des Eises die warnende Stimme des Nordens zu sein, während sie weiter in die Wildnis segelten.

Die Jäger hielten sich unten auf. Lund kommandierte das Schiff. Es schien, als ob Deming es schaffte, seine Karten zu behalten und sie auszuteilen, obwohl sein Arm geschienen war. Und er gewann stetig. Das Mädchen sprach mit Rainey über ihr eigenes Leben an Land und auf See auf früheren Reisen mit ihrem Vater, über seinen eigenen Wunsch zu schreiben, über seine Ambitionen, bis es wenig gab , was er ihr nicht erzählt hatte, sogar dem Mädchen, dessen Tochter sie war der Holzkönig.

Und der Zauber ihrer Nähe, ihrer Jugend, ihrer Schönheit hielt ihn ganz natürlich gefangen. Als er Deckdienst hatte, blieb sie in ihrem Zimmer. Als Lund ihn ablöste, da die Tagesarbeit Lund, Hansen und Rainey jeweils zwei reguläre Wachen von vier Stunden einbrachte, obwohl Lund den größten Teil der Nacht verbrachte, da das Eis immer schwieriger zu befahren war, sah Rainey gelegentlich, wie der Riese ihn mit den Augen musterte ein sardonisches Funkeln.

Vorerst beanspruchten die Sicherheit der *Karluk* und die erfolgreiche Umsetzung des Reisezwecks Lunds gesamte Aufmerksamkeit und Energie. Zweimal hatte ihn das Wetter daran gehindert, seine goldene Ernte einzufahren, und es sah so aus, als ob der dritte Versuch kein größeres Glück bringen würde.

„Die *Karluk ist* kräftig", sagte er einmal, „aber sie ist nicht für die Arktis gebaut. Wenn wir sie stark ersticken, wird sie wie eine Eierschale zerfallen."

"Und dann was?" fragte Rainey.

„Holt das Gold! Dafür sind wir hier. Wenn wir Schlitten bauen und die Jäger für ein Dorg -Team einsetzen müssen." Er lachte unbezwingbar. „Wir machen einen Mann aus dir , Rainey, bevor wir zurückkommen ."

Lund schnappte sich mühsam den Schlaf und versuchte stets, durch das Eis, das den Fortschritt immer wieder behinderte, einen Weg zur Position der Insel zu finden. Mehrmals riskierten sie den Schoner in einer schmalen Gasse, als sie bei einer Flaute des oft unsicheren Windes zwischen den Rändern der Scholle gelandet wären. Zweimal befahl Lund, die Boote auszufahren, um sie zu retten. Einmal wehrten sich alle Männer verzweifelt mit Spieren, um das Schiff freizuhalten, und nur das überhängende Heck des Schoners rettete sein Ruder vor den wild zusammenprallenden Massen, die sich hinter ihnen näherten.

Aber er zeigte kaum Anzeichen einer Belastung. Hin und wieder saß er mit geschlossenen Augen da oder fuhr sich mit den Händen über die Brauen, als ob sie ihm Schmerzen bereiteten. Aber er beklagte sich nie, und das Eis, das die trüben Farben von Meer und Himmel annahm, gab kein grelles Licht ab, das den Anblick beeinträchtigen sollte. Trotz aller Widerstände drängte sich Lund durch, bis er eines Nachts kurz nach Sonnenuntergang, als die Dämmerung hereinbrach, einen Schrei ausstieß und auf eine unruhige Fackel über dem Backbordbug zeigte. Rainey dachte, es sei das Polarlicht, aber Lund lachte ihn aus.

„Es ist der Krater auf der Insel", sagte er. „ Nichts Gefährliches. Normaler Leuchtturm. Nun, Jungs", fuhr er fort, seine tiefe Stimme klang vor Hochgefühl, „da ist Gold in Sicht! Pfeift für einen Wetterwechsel, ihr Sohn jeder Mutter!"

Bald war das Deck überfüllt. Auf der vorherigen Fahrt hatte sich der Schoner der Insel aus einem anderen Winkel genähert, aber die Männer erkannten schnell, dass das Leuchten des Vulkans die erwartete Landung war. Lund blieb an Deck, und es war schon spät, als irgendjemand von der Besatzung eintraf. Während seiner Wache sah Rainey den Feuerimpuls des Berges, der wie das Auge eines Zyklopen glühte und blinkte und dessen Glanz sich in den Augen der Beobachter widerspiegelte waren im Begriff, die Insel zu erobern und ihr den goldenen Sand zu rauben.

Der Wetterumschwung kam gegen drei Uhr morgens, allerdings nicht so, wie Lund gehofft hatte. Ein plötzlicher Wind kam aus dem Norden, versteifte die Leinwand mit seinem eisigen Atem, ließ den Schoner glasig werden, wo immer Feuchtigkeit tropfte, und ließ eine wütende Wolkenwolke aufsteigen, die mit dem Mond kämpfte. Das Meer schien dicker geworden zu sein. Die *Karluk* bewegte sich träge, als segelte sie in einem Meer aus Sirup.

„Schon halb matschig", sagte Lund. „Uns steht ein richtiger Kälteeinbruch bevor. Bis zum Morgengrauen wird es überall um uns herum Pfannkucheneis geben. Das ist sicherlich ein schwer zu erreichender Strand. Aber es ist noch zu früh, um den Winter zu schließen. Nach diesem Frost werden wir eine warme Phase haben." . Und wir müssen das Zeug an Bord bringen und loslegen Es geht weiter nach Süden, bevor uns der große Frost erwischt.

Kapitel XV

RAUCH

Als Rainey am nächsten Morgen an Deck kam , fand er den Schoner in einer kleinen Lagune treiben, die die Mitte einer Scholle bildete. Das Wasser darin war matschig, halbfest. Groß- und Vorsegel waren dicht eingerollt, auch die Vorsegel, und die *Karluk* schwebte am anderen Ende des schnell kleiner werdenden Beckens. Der Wind war immer noch lebhaft.

Überall waren andere Schollen, aber sie waren weit voneinander entfernt, und zwischen ihnen kräuselten sich knackige Indigowellen zackig.

Die Insel erhob sich scharf und gezackt, viel größer, als Rainey erwartet hatte. Es verfügte über zwei Kegel, von denen einer träge Rauch aufstieg. Das Eis war in wilder Verwirrung an seinen Ufern aufgetürmt, zerstört durch den Sturm, der von vier bis acht Uhr heftig geweht hatte, und ließ nun mit dem für die Arktis typischen raschen Wandel nach.

Das tiefe Summen der brechenden Brandung übertönte alle anderen Geräusche, und obwohl der Schoner und seine Scholle gefangen waren, schossen sie langsam in Richtung Land, im Griff einer Strömung und nicht vor dem böigen Wind.

Lund hatte den Bug des Schoners wirkungsvoll mit Fendern versehen , bevor er mit alten, mit Seilen und Segeltuchstücken gefüllten Segeln, die den Bug und die Wellen umhüllten, nach unten ging.

Innerhalb einer Stunde hatte der Wind aufgehört, und der Schneematsch in der Lagune hatte sich zu Eisflocken zusammengeballt, die sich innerhalb kurzer Zeit verfestigen würden, denn der Tag war bitterkalt und ungeheuer hell. Der Himmel stieg von hauchdünnem Silber-Azurblau zu sattem Saphirblau, und das wogende Wasser zwischen den Eisschollen war von dunkelstem Lilablau. Als das Peitschen des Windes nachließ, erreichten sie eine gewaltige Dünung, auf der sich die großen Eisklumpen mit blendenden Reflexen hoben und senkten.

Lund kam innerhalb einer Stunde herbei und blinzelte angesichts der Brillanz.

„Meine Augen sind nicht so stark, wie sie sein sollten", sagte er zu Rainey. „Ich hätte sie nicht so voreilig auf Carlsen werfen sollen, obwohl sie sein Ziel verfehlt haben . Wenn das Wetter so bleibt , muss ich Schneebrillen machen; es ist kein weiteres Paar Raucher an Bord." " Er zeichnete einen Schatten seiner gebogenen Hand, während er auf die Insel blickte.

„Die Strömung hat uns erwischt", sagte er, „und wir werden mächtig nahe am Strand ankommen. Er liegt zwischen diesen beiden Bergrücken, dicht beieinander, und grenzt an den Vulkan an. Die Strömung der Long Strait teilt sich auf Wrangell Island und wir." „Wir liegen im Trend der Nordschleife. Das ist der Grund, warum das Meer nicht stärker zufriert. Um uns herum, wo es keine Bewegung gibt , friert es schnell genug ."

Er schien mit der Aussicht sehr zufrieden zu sein. "Gefrühstückt?" fragte er Rainey und dann: „In Ordnung. Wir bringen die Männer nach hinten."

Er brüllte einen Befehl, und bald strömten alle herbei, um sich in zwei Gruppen auf beiden Seiten des Kabinendachfensters zu versammeln. Ihre Gesichter waren begierig angesichts der Nähe des Goldes, doch halb mürrisch, während sie darauf warteten, zu hören, was Lund zu sagen hatte. Seit dem Attentat gegen ihn hatte Lund nichts über ihre Anteile gesagt. Sie erkannten ihn als Herrn an, rebellierten aber dennoch im Geiste.

„Da ist die Insel", sagte Lund. „Wir werden es vor Sonnenuntergang schaffen. Der Strand ist da und wartet darauf, dass wir ihn ausgraben. Das wird eine Arbeit sein. Ich glaube nicht, dass er hart gefroren ist, sondern nur verkrustet Sprengen Sie die Kruste mit Dynamit. Aber wir müssen uns darauf stürzen. Es wird eine weitere Kälteperiode geben, nachdem diese vorüber ist, und die nächste dürfte für immer bestehen bleiben. Ich möchte, dass das Gold bis dahin ausgewaschen wird und wir tief unten sind Die Meerenge. Es liegt an Ihnen, sich selbst zu humpeln , und ich werde dem Buckel helfen .

„Wir werden das meiste Zeug wiegen und wenn es Zeit ist, werden wir die Schlickrückstände für den feinen Staub kanalisieren. Vorausgesetzt , wir können einen Wasserfall hinbekommen . Es wird für alle Hände genug zu tun geben." ' Die Aktien gehen als erstes fest. Ich nicht Ich erwarte von dir, dass du dich um die Arbeit kümmerst und nicht die eine oder andere Prise Staub abbekommst.

Die Gesichter der Männer leuchteten auf, sie schlurften umher und sahen einander mit einem erleichterten Grinsen an.

„Kein Prost?" fragte Lund ironisch. „Wall, ich habe kaum mit Enny gerechnet . Hansen, du wirst einer der Vorarbeiter sein, mit entsprechender Bezahlung . Deming."

„Ich kann nicht graben", sagte der Jäger widerspenstig. „Beale kann es mit seinen Rippen auch nicht."

„Du hast gute Nerven", sagte Lund. „Ich schätze, du hast genug gewonnen, um dir deine Anteile zu sichern, wenn die Jungs zahlen. Genug, um für Beale ein bisschen in deinen Taschen zu graben . Seine Rippen wären ganz, wenn du nicht mit dem bolschewistischen Stunt angefangen hättest." .

Aber ich werde etwas finden, das ihr beide tun könnt. Lasst euch davon nicht beunruhigen.

„Irgendwo haben wir Quecksilber an Bord", fuhr Lund zu Rainey fort, als die Männer sich weitaus fröhlicher aufgelöst hatten, als sie sich versammelt hatten. „Das werden wir zur Konzentration in den Filmgewehren nutzen. Hansen wird Rocker anfertigen lassen, die die großen Dinge fangen. Wenn es zum Schlimmsten kommt, werden wir die alte Nutte mit dem Lohndreck beladen und waschen." Ich werde den Strand bis auf den Grundstein abtragen, wenn ich die Zehen und Finger von ihnen trennen muss .

Zur Mittagszeit war der Schoner so fest verglast wie ein Spielzeugmodell, das in einem Glasmeer montiert ist. Der Wind blies völlig aus, aber die Strömung trug sie stetig weiter zum lärmenden Ufer, wo der Wellengang Vorgebirge, Buchten, Klippen und Abgründe in dem aufgetürmten Wirrwarr der Schollen schuf, die auf den Felsen schlugen, auseinanderbrachen oder darauf rutschten einander in lautem Durcheinander.

Das Marmorweiß der Eismassen wurde durch die Blautöne und sanften Violetttöne ihrer Schatten hervorgehoben, und durch einen perlmuttartigen Schimmer überall dort, wo die Ebenen das Licht in einem für das Prismenspiel geeigneten Winkel einfingen. So schön es auch war, der Anblick bereitete Rainey und der Crew Angst. Nur Lund betrachtete es lässig.

„Es geht schnell kaputt", sagte er. „Alles, was wir brauchen, ist ein bisschen Glück. Wenn wir das nicht haben , brauchen wir uns keine Sorgen zu machen. Wir können uns hier nicht in die Luft jagen, ohne den Schoner zu riskieren . Wir sollten dankbar sein, dass wir sanft erstarrt sind. Da Es ist keine Planke gestartet. Die Scholle wird uns abwehren. Das gibt es nicht Enny große Brocken, Enny ganz in unserer Nähe achtern. Glück – ein anständiges Land zu schaffen – ist alles, was wir brauchen, und ich vermute, dass es auf uns zukommt .

Seine „Vermutung" war richtig. Obwohl sie die kleine Bucht, in die der Schatzstrand mündete, nicht wirklich geschaffen hatten, erreichten sie in deren Nähe einen zerbrochenen Eishügel, der sich an den steilen Hängen eines kleinen Vorgebirges festgesetzt hatte, und stellten die Verbindung ohne weiteren Schaden als eine Spaltung des Strandes her vorderes Ende ihrer umhüllenden Scholle, mit kaum einem Stoß zum *Karluk* .

Lund schickte Männer über das Eis an Land und kletterte mit Trossen zu den Felsvorsprüngen, mit denen sie den Schoner samt Scholle und allem an Land festbanden. Sollte der zerstörte Hügel eine weitere Katastrophe erleiden, was unwahrscheinlich schien, würden seine Fragmente auf die Scholle fallen. Im Notfall befahl Lund den Männern, Tag und Nacht an den

Trossen zu stehen und die Extremität loszuwerfen oder abzuschneiden, je nach Bedarf.

Die Hauptgefahr bestand darin, dass sich die folgenden Schollen auf den Schiffen türmten und darüber rammten, um den Schoner zu zertrümmern, aber das war ein Risiko, das im Laufe seiner Entwicklung bewältigt werden musste, und es schien keine große Aussicht auf ein solches Vorkommnis zu geben.

Es war dunkel, bevor sie es sich gemütlich machten. Über Hansen meldeten sich die Männer freiwillig, noch in dieser Nacht im Schein großer Feuer mit dem Graben zu beginnen, so verrückt waren sie angesichts der Nähe des Goldes. Aber Lund verbot es.

„Sie werden in regelmäßigen Schichten arbeiten, wenn Sie „ Der Idiot hat angefangen“, sagte er. „Und du wirst erst anfangen, wenn es schrecklich ist . “ Wir müssen die ganze Nacht am Schiff bleiben, bis wir am nächsten Morgen erfahren , wie bequem wir ankern können .

Die ganze Nacht lagen sie in einem Chaos aus Lärm. Nach einer Weile gewöhnten sie sich daran, genau wie die Arbeiter in einer Pochmühle , aber in dieser Nacht machte es sie taub, hielt sie mit dem gewaltigen Kanonendonner wach und wachsam, ängstlich. Der beißende Frost ließ die Balken des *Karluk* knarren, und sein Vortrieb wirkte fortwährend mit donnerndem Donner und schrillem Knirschen auf die gestrandeten Massen ein , während die Brandung ununterbrochen auf den widerhallenden Eisschichten dröhnte.

Der Ort birgt ein seltsames Geheimnis. Oben auf dem Hauptkegel hing das vulkanische Leuchten über dem Kraterschlot und spiegelte sich schwankend in den rollenden Rauchwolken wider, die die Sterne verdunkelten. Es gab kein Zittern, kein Grollen aus dem verborgenen Ofen, nur das Flackern seiner Heizung. Die sichtbaren Sterne waren äußerst leuchtende Punkte, und als der Mond aufging, wurde er von vier Scheinmonden begleitet, die zu einem Heiligenschein zusammengebunden waren, der die wahre Kugel weit umgab. Die Mondhunde leuchteten zeitweise in prismatischen Farben, wie Perlmuttscheiben, und der Mond selbst war vierstrahlig.

Unter Mond und Sternen schlängelte sich die Küste dahin und endete in einem trügerischen Schimmer, der jenseits der Sichtweite bestimmter Dimensionen anhielt. Und trotz all des gedämpften und scharfen Geräusches der Splitter und Explosionen, des Nachhalls der Dünung schien sich außerhalb dieses Lärms Stille zu sammeln und zu warten. Stille und Einsamkeit. Es beeindruckte die Crew, es erfüllte den Geist von Peggy

Simms und Rainey und blickte auf die mystische Schönheit der arktischen Landschaft.

Die Wände aus aufgedrängtem Eis bewegten sich um sie herum und kamen klappernd herab, dröhnten auf ihrer Scholle, als wäre sie eine Trommel gewesen, und drohten, sie durch bloßes Gewicht umzukippen, wenn sie nicht richtig auf dem Boden gestanden hätten. Andere Schollen kamen vom Meer her und schlugen gegen die Klippen, aber der Wirbel, der sie zu ihrem Ruheplatz gebracht hatte, schien sich in der Hauptströmung aufgelöst zu haben, und bis auf einen gelegentlichen Alarm wurde ihr Heck nicht ernsthaft angegriffen.

Erst im Laufe der Nacht verklebten die schwimmenden Massen miteinander und mit dem Ufer. Die *Karluk* war hart und schnell, nur zweihundert Meter vom Boden ihres Tom Tiddler entfernt , knapp über der Landzunge. Wenn es taut, sollte alles gut gehen. Wenn Lund getäuscht worden war und der wahre Winter früh anbrach, waren die Aussichten alles andere als rosig, obwohl niemand an diese Möglichkeit zu denken schien.

Unter dem Glanz der magischen Nacht, dem seltsamen Paraselene des Mondphänomens, dem Leuchten des Vulkans, den Geräuschen flüsterten die Männer nur eines – Gold!

Die Morgendämmerung kam, bevor sie es bemerkten, ein plötzlicher Lichtstrahl, der das Eis in allen Rot- und Orangetönen färbte und die gefrorene Küste mit rubinroten Flammenstößen überzog, die wie Leuchtfeuer aufflackerten und die Kämme der langen Wellen vergoldeten ihre ganze Welt mit einer wilden, unnatürlichen Pracht.

Lund, der mit eiskalten Atemzügen über das Deck schritt, blieb plötzlich stehen und starrte nach Osten. Dort, mitten im Auge der Morgendämmerung, war eine Rauchfahne, wie eine Wolke vor dem flammenden Dreiviertelkreis der aufgehenden Sonne!

Kapitel XVI

DIE MACHT VON NIPPON

Lunds Gesicht, auf dem die blauen Flecken schnell verblassten, verfärbte sich vor Wut lila-schwarz. Er wirbelte zu Sandy herum, starrte in die Nähe und befahl ihm, sein Fernglas zu holen. Durch sie hindurch starrte er lange auf den Rauch. Dann wandte er sich an das Mädchen und Rainey.

„Komm runter in die Kabine", sagte er. „Wir werden unseren ganzen Verstand brauchen."

„Das ist eine Kanonenbootpatrouille", sagte er. „Japanisch, für eine Million! Kein anderer so weit im Westen. Und es ist verdammt lustig, dass es genau um diese Minute auftauchen sollte . Wir haben die Reise pünktlich geschafft, und das zeigt es. Aber das lassen wir durchgehen." . Wir müssen schnell denken. Sie werden uns entern. Sie werden uns auf der Suche nach Robbenfellen überholen. Zumindest hoffe ich das.

„Wir haben keine. Unsere Jäger, unsere Gewehre und Schrotflinten werden unseren Anspruch, pelagische Robbenfänger zu sein, beweisen. Wir müssen darauf vertrauen, dass sie uns glauben. Ob sich an Bord ein Versteck oder eine Keule oder ein Zeichen eines Toten befindet Robben an den Stränden, sie würden uns festnageln. Sie scherzen übrigens vielleicht , wenn sie misstrauisch sind.

„Sie führen die Sache mit erhobener Hand auf diese Weise aus. Wenn sie uns jemals ins Gefängnis stecken , können wir keinen Blick aus uns herauslassen. Sie machen sich große Sorgen um unsere Konsuln. Es sind zu viele gute Robbenjäger ausgestiegen Ich werde in eines ihrer stinkenden Gefängnisse blicken, um mich von Hirse und getrocknetem, schimmeligem Fisch zu verhungern . Ich weiß, wovon ich rede .

„Ein Glück, dass wir nicht angefangen haben , diesen Strand zu zerstören . Aber sie werden alles durchgehen. Ich kenne sie . Sie behaupten, dass ihnen die Meere hier gehören, und sie sind übermütiger als je zuvor, seit dem Krieg. Rainey, du." Ich muss mit dem Protokoll beschäftigt sein. Wenn dein Vater nicht so weitergemacht hat, Miss Peggy, umso besser. Wenn er es getan hat, musst du es irgendwie vortäuschen , Rainey.

„Ich bin Simms, versteh mich, bis wir von ihnen weg sind . Und du, Rainey, bist Doc Carlsen. Im Protokoll darf nichts über Enny- Todesfälle auftauchen."

"Aber warum?" fragte das Mädchen. „Warum müssen wir uns verkleiden? Wenn wir die Siegel nicht berührt haben?"

Lund bellte sie an:

„Ich habe Ihnen zugetraut, dass Sie einen schärferen Verstand haben“, sagte er. „Wir müssen alles so geregelt haben , dass sie keinen Vorwand finden, uns in Brand zu schleppen und zum Schoner zu bringen . Sie würden es im Handumdrehen erledigen. Wir müssen ihnen unsere Freigabe zeigen.“ Papiere, und wir müssen auf der ganzen Linie zusammenzählen. Rainey ist nicht in den Schiffsbüchern eingetragen – Carlsen schon. Lund nicht , aber Simms schon. Ich bin Simms. Und du“ – er hielt inne Grinse sie an – „Du bist meine Tochter. Ich werde die Beziehung nach einer Weile auflösen, das verspreche ich dir. Und ich werde die Männer trainieren. Sie wissen, was auf sie zukommt, wenn die Japaner misstrauisch werden.“

„Das ist noch nicht das Schlimmste! *Sie wissen vielleicht, was wir wollen.* Wenn sie es wissen, sind wir tot. Ist dir jemals in den Sinn gekommen, Rainey, dass Tamada , der tiefgründig ist, vielleicht einen Hinweis auf das Ganze gegeben hat.“ Etwas an seinen Konsul geschickt, während der Schoner in San Francisco war? Er war auf der letzten Reise. Er würde die ungefähre Position kennen. Vielleicht hat er die richtigen Figuren aus dem Baumstamm geholt, er hatte den Lauf der Kabine. Ein Kabel würde den Rest erledigen. Er würde sein Bestes geben, mit der Bestellung der Goldenen Chrysantheme oder einer anderen Vorrichtung obendrein , ein Idiot, trotz der Art und Weise, wie er unsere Ausrüstung nach vorne bringen möchte , das ist schon so Ich bin ihm nicht zu süß.

Der Vorschlag war für Rainey ein Grund zur Überzeugung. Er hatte an den Konsul gedacht. Er hatte immer die Tiefen von Tamadas Zurückhaltung gespürt, er erinnerte sich an Teile seiner Rede, an die „bestimmten Umstände“, die er erwähnt hatte. Es sah plausibel aus. Lund erhob sich.

„Ich werde Tamada reparieren “, sagte er. Aber das Mädchen hielt ihn auf.

weißt nicht, dass das stimmt. Tamada war wunderbar – für mich. Was hast du vor, mit ihm zu machen?“

„Ich werde mich zwischen hier und der Kombüse entscheiden“, sagte Lund grimmig. „Dies ist das dritte Mal, dass ich diese Insel in Angriff nehme, und auf dieser Reise wird kein Japaner zwischen mir und dem Gold stehen . Selbst wenn er uns nicht verarscht, wird er die ganze Sache verraten. “ . Wenn er nicht wollte , würden sie ihn durchkommen lassen, wenn sie ihn erblickten. Sie haben mehr Tricks als ein chinesischer Mandarin, um einen Mann zum Reden zu bringen. Es liegt auf der Hand, dass er es ihnen sagen wird . Wenn „Er kann reden, wenn sie hier sind “, fügte er bedrohlich hinzu, während er auf halbem Weg zwischen dem Tisch und der Tür zum Korridor stand und seine Hand suggestiv öffnete und schloss. „Die Mannschaft würde ihren Hasch begleichen, wenn ich es nicht täte. Sie sind keine Dummköpfe. Sie wissen, was in Japan auf sie zukommt . Du, Rainey, bist mit diesem Protokoll beschäftigt. Das Kanonenboot wird ein Boot neben dieser Scholle haben innerhalb von neunzig Minuten .

Aber Peggy Simms stand zwischen ihm und der Tür.

„Das sollst du nicht tun“, sagte sie, ihre Augen waren hart wie Feuerstein, wenn Lunds wie Stahl wären. „Du weißt nicht, was er für mich bedeutete, als – als Papa beerdigt wurde. Ruf ihn herbei und lass ihn für sich selbst sprechen, oder – oder *ich erzähle den Japanern selbst , warum wir hier sind!* “

Lund stand da und starrte sie an, sein Gesicht war hart, sein Bart war mit seinem vorgestreckten Kinn wie ein Busch vorgeschoben. Noch immer stand sie ihm gegenüber, entschlossen, kaum bis zu seiner Schulter, schlank, trotzig. Allmählich verzogen sich seine Gesichtszüge zu einem Grinsen.

„Das glaube ich“, sagte er schließlich. „Und ich würde es hassen, dich so zu reparieren, wie ich es tun würde, Tamada . Aber wohlgemerkt, wenn ich nicht ein definitives Versprechen von ihm bekomme , das wahr klingt, muss ich ihn irgendwo verstauen , wo sie gewinnen.“ „Ich werde ihn nicht finden. Und das wird nicht an Bord des Schiffes sein.“

Das Gesicht des Mädchens wurde weicher.

„Du hast gesagt, dass du fair gespielt hast“, sagte sie mit einem erleichterten Seufzer. Sie ging zur Tür, öffnete sie und rief nach Tamada . Die Japaner erschienen fast augenblicklich. Lund schloss die Tür hinter sich und verriegelte sie.

„Du weißt, dass eine Patrouille ansteht , Tamada ? “ er hat gefragt. „Eine japanische Patrouille ?“

"Ja."

„Was wollen Sie ihnen sagen , wenn sie an Bord kommen?“

„Nichts, wenn ich es verhindern kann. Ich denke, ich kann es. Ich bin mit der japanischen Regierung nicht befreundet. Es wäre schlecht für mich, wenn sie mich finden würden. Einmal gehöre ich der Fortschrittspartei in Japan an. Ich rede viel. Zu viel.“ Die Regierung sagt, ich sei zu fortschrittlich.“

Tamadas Augen bemerkte , als er seine abgeschnittenen Silben machte.

„Also verlasse ich mein Land. Angenommen, ich fahre mit dem Dampfer, ich glaube, die Regierung hält mich auf. Ich denke, selbst in Kalifornien könnten sie Ärger machen, wenn sie mich finden. Also gehe ich in *Sampan* . *Manchmal fahren Japaner in Sampan* nach Kalifornien . "

„Das stimmt“, sagte Rainey. Er hatte mehr als eine Geschichte über japanische Besatzungen verarbeitet, die an einem einsamen Küstenabschnitt landeten, um Einwanderungsgesetzen und Dampfertarifen zu entgehen. Im Allgemeinen wurden sie nach ihrer gefährlichen und waghalsigen Überquerung des Pazifiks zusammengetrieben. Tamadas Geschichte enthielt Elemente der Wahrheit. Sogar Lund nickte zurückhaltend und zustimmend.

„ Außerdem versende ich *Karluk* als Koch, weil es vielleicht Ärger gibt, wenn mich jemand in San Francisco kennt. Ich halte es für besser, wenn sie mich nicht sehen. Ich habe einen Plan. Außerdem möchte ich meinen Anteil am Gold. Angenommen, das Kanonenboot findet mich „Wenn du etwas über Gold herausfindest, werden sie mir keine Belohnung geben. Du sprichst kein Japanisch. Sie werden mich ins Gefängnis stecken. Es wird mir nahegelegt , weil ich von *Daimio*- Blut bin." – Tamada richtete sich leicht auf, als er sein Blut beanspruchte Adel – „dass ich *Hari-Kari* mache . Das wünsche ich nicht. Ich bin fortschrittlich. Ich koche viel lieber an Bord *der Karluk* und bekomme meinen Anteil am Gold."

Lund musterte ihn trübsinnig und halb überzeugt. Das Mädchen war voller Begeisterung.

„Was ist dein Plan, Tamada ?"

„Wir verlieren Zeit auf diesem Baumstamm", warf Lund ein. „Mist beschäftigt, Rainey. Schauen Sie sich Carlsens Sachen an. Vielleicht hat er einen behalten. Machen Sie einen davon zu Drogen und verbrennen Sie den anderen. Na dann, Tamada , machen Sie Ihren Plan zunichte ; er muss gut sein."

Sowohl Lund als auch das Mädchen lachten, als Rainey mit den Schallplatten wieder in die Hauptkabine kam. Tamada war verschwunden.

„Er ist ein Fuchs", sagte Lund. „Miss Peggy, Sie leiten besser die Theateraufführungen. Es muss richtig gemacht werden. Rainey, um Sie nicht zu unterbrechen, was wissen Sie über Darmfieber?"

"Nichts."

„Nun, es ist dasselbe wie Typhus. An Bord dieses Kanonenboots wird ein Chirurg sein. Du musst ihn bluffen. Sag wenig und wirke klug wie eine Eule. Lass ihn nicht mit deinem Patienten in Kontakt kommen."

„Mein Patient?"

„ Tamada ! Er hat Darmfieber. Wenn es Zeit ist , wird er dir das ganze Rauschgift geben."

„Aber ich verstehe nicht, wie das-"

„Das wirst du sehen, wenn du Tamada siehst ", grinste Lund. „Wie wäre es mit den Protokollen? Können Sie sie reparieren ?"

"Ich glaube schon."

„Dann machen Sie sich auf den Weg. Ich werde die Männer aufklären und ein Empfangskomitee bilden. Vergessen Sie nicht, dass Ihr Name Carlsen ist und einer meiner Simms.“

Rainey schrieb schnell in sein Logbuch, löschte Seiten aus, löschte sie spurlos aus und ahmte dabei die Formulierungen des Kapitäns nach. Glücklicherweise hatte Simms zunächst nur spärliche Einträge gemacht und später, als die Droge ihn festhielt, überhaupt keine. Carlsen hatte keine Aufzeichnungen geführt, die er finden konnte. Das Mädchen war vorgegangen, um Tamadas Plan zu unterstützen, den Lund offensichtlich akzeptiert hatte.

Bevor er ganz fertig war , hörte er das Trampeln von Männern an Deck und den Klang einer Dampfpfeife. Er beendete seine Aufgabe und ging hinauf, um das Kanonenboot zu sehen, grau und bedrohlich, seine Messingbeschläge glitzerten, Männer auf seinem Deck, die ihre Aufgaben verrichteten, ohne den Schoner zu bemerken, und Offiziere auf ihrer Brücke, die den Fortschritt einer Barkasse in Richtung der Eisscholle beobachteten.

Die Landung gelang geschickt, und ein Leutnant, winzig klein, aber sehr effektiv im Aussehen, führte sechs Männer zum *Karluk* . Er trug ein Schwert und einen Revolver; Die Männer trugen Karabiner. Ihr disziplinierter Rang und ihre Klugheit, die wartende Barkasse, das bevorstehende Kanonenboot waren bedrohlich mit der Andeutung von Macht und dem Willen, sie auszuüben. Der kommandierende Offizier hielt sein Kinn arrogant geneigt. Lund hatte eine Gangway aufgebaut und stand an der Spitze und grüßte den Leutnant, während dieser die Begrüßung schnell erwiderte.

Rainey fand das Mädchen und stellte hastig eine Frage.

„Was ist mit Tamada ? Wo ist er? Was ist der Plan?“

Sie drehte sich zu ihm um und ihre Augen tanzten vor Aufregung.

„Er ist in der Kombüse, Doktor Carlsen. Aber er ist nicht Tamada mehr . Er ist Jim Cuffee , ein Niggerkoch, der an Darmfieber erkrankt ist und nicht gestört werden darf.

Rainey starrte. Es war ein kluger Trick, wenn Tamada ihn umsetzen konnte, und er übernahm seinen eigenen Teil der Maskerade. Die Bereitschaft Tamadas , die Verkleidung zu wagen, war eine Bestätigung seiner Treue.

„Lund hätte es mir sagen sollen “ , sagte er. „Ich muss seinen Namen in den Papieren ändern. Es wird aber keine Minute dauern, er erscheint nicht im Protokoll.“

Der japanische Offizier verschwendete keine Zeit an Deck. Aus Vorsichtsgründen nahm Rainey seine Änderung in der Kapitänskajüte vor und ließ das Protokoll dort auf dem eingebauten Schreibtisch liegen.

„Das ist Leutnant Ito, Doktor Carlsen", sagte Lund. „Sie wollen unsere Papiere sehen, Lieutenant?"

„Mein Befehl ist, den Schoner zu untersuchen", sagte Ito in einem noch perfekteren Englisch als Tamadas . Sein Gesichtsausdruck war offiziell streng, obwohl seine schrägen Augen ständig auf das Mädchen gerichtet waren. Offensichtlich war sie eine unerwartete Erscheinung des Besuchs.

„Ich werde zuerst die Papiere besorgen", sagte Lund. „Doktor, Sie und Peggy unterhalten den Leutnant." Rainey stellte etwas Whisky hin, den die Japaner ablehnten, und einige Zigarren, die er mit einer Handbewegung hinüberreichte. Er setzte sich steif hin und blätterte die Papiere durch.

„Wir sind pelagisch, wissen Sie", sagte Lund. „ Das sind wir nicht absichtliches Hausfriedensbruch . Ich wusste nicht einmal, dass dir die Insel gehört.

„Es steht auf unseren Karten", sagte Ito knapp, als wäre damit das Herrschaftsrecht geklärt. „Wie bist du überhaupt hierher gekommen?"

„Wir wurden gebracht", sagte Lund. „Bin im Norden von Wrangell eingefroren. Der Sturm hat uns nach Westen geführt, als wir aus der Meerenge herauskamen. Wir sind auf dem Weg nach Corwin. Nichts Schmuggelware. Alles normal . Sechs Jäger, zwei im Sturm beschädigt, aber der Arzt Ich habe sie repariert . Zwölf Seeleute, ein Junge und ein Nigger-Koch, der sich selbst mit seinen eigenen Gerichten überhäuft hat . Doc bringt ihn auch mit, obwohl er es nicht verdient. Willst du deine Inspektion machen ? Wir sind dabei Beeilen Sie sich nicht, wegzugehen , bis das Eis schmilzt. Nehmen Sie sich Zeit.

Der kleine, adrett aussehende Offizier mit seinem scharfen, hochwangigen Gesicht und seinem Schuhbürstenhaar stand auf, verneigte sich und warf Peggy Simms einen Seitenblick zu.

„Es ist nicht üblich, dass junge Damen so weit im Norden sind." Sein Streben nach Tapferkeit war offensichtlich.

„Ich bin bei meinem Vater", sagte das Mädchen, blickte Rainey an und genoss die Situation.

„Wohin ich gehe , geht sie auch", sagte Lund. Und blickte sie der Reihe nach genüsslich über seine doppelte Andeutung an. Auch er spielte das Spiel, zockte, glaubte an sein Glück, war rücksichtslos, jetzt hatte er das Spielbrett festgelegt.

Sie gingen durch den Korridor. Lund öffnete den Tresorraum und dann die Kombüse. Es war ordentlich, und in Tamadas Koje befand sich eine stöhnende Gestalt, eine hin und her wälzende Gestalt mit einem Kopf, der über dem schwarzen Gesicht und Hals, der über den Decken sichtbar war, in ein rotes Kopftuch gehüllt war. Die Augen waren geschlossen. Die schwarzen Hände, die hellere Handflächen zeigten, zupften an den Bezügen.

„Wahnsinnig", sagte Lund. „Geschieht ihm recht. Er ist ein mieser Koch."

„Haben Sie alle Medikamente, die Sie brauchen?" fragte Ito. „Ich kann unseren Chirurgen schicken."

„Das schaffe ich", entgegnete Rainey *alias* Carlsen. „Es ist magensaftresistent. Ich habe das Fieber gesenkt."

Sie gingen weiter durch die Jägerquartiere. Das Mädchen geriet mit Rainey in Rückstand.

„Ein gutes Make-up und ein guter Schauspieler", flüsterte sie. „Ich habe ihm geholfen, sicherzustellen, dass er alles verdeckt, was sichtbar ist. Das war meine Idee mit dem Kopftuch. Genau das, was ein kranker Neger tragen könnte, und es verbarg sein glattes Haar."

Der Leutnant schien einigermaßen zufrieden zu sein, forderte Lund jedoch auf, an Bord seines Schiffes zu gehen. Er blieb dort bis zum Sonnenuntergang und kehrte in ausgelassener Stimmung zurück.

Diesmal haben wir es ihnen untergeschoben ", sagte er. „Ich habe sie verlassen mit *Sake* schwimmen und vor höflichem Bedauern übersprudeln . Aber sie würden in drei Wochen zurück sein, sagten sie, wenn das Eis geöffnet sei. Und wenn das Glück hält, kommen wir da raus. Ich möchte nicht, dass sie das Schiff noch einmal durchsuchen ." Er klopfte Tamada auf die Schulter, als er kam, um das Abendessen zu servieren, nachdem Sandy den Tisch gedeckt hatte.

„Ein Stammesbürger „Vodeville -Sketch", rief er. „Du bist ein Schauspieler, Tamada ! " Aber warum haben Sie nicht gesagt, dass die Insel auf ihren Karten unten steht? Sie haben sogar einen Namen dafür. Halloyama
.

„Es bedeutet heißer Berg", sagte Tamada . „Die Regierung benennt viele Inseln."

„Sie können darauf wetten , dass sie es tun", sagte Lund. „Sie sind schlau, aber sie haben diesen Strand übersehen und uns drei Wochen Zeit gegeben, um Geld zu verdienen."

Lund selbst hatte so viel Sake getrunken, *dass* er die Zunge verlor, was seine Hochstimmung über den Erfolg, den er erreicht hatte, noch steigerte. Das Kanonenboot war auf Patrouille gegangen und er hatte freie Hand. Er füllte ein Glas zur Hälfte mit Whisky. „Auf Glück", rief er. Und verschüttete einen Teil des Schnapses auf dem Boden, bevor er das Glas an seine Lippen setzte.

„Auf Sie, Doc", fügte er hinzu. „ An Peggy!" Er verdrehte die leicht blutunterlaufenen Augen des Mädchens.

„Unsere Beziehungen haben sich wie gewohnt entwickelt, Herr Lund", sagte sie leise. Lund starrte sie halb widerspenstig an.

„Ich bin einverstanden", sagte er. „Als Tochter verleugne ich Sie von nun an, Miss Peggy. Auf Sie, scherzen Sie das Gleiche!"

Kapitel XVII

MEIN KUMPEL

Vom Tag nach der Ankunft und Abfahrt des japanischen Kanonenboots an griffen sie den kleinen U-förmigen Strand an, der zwischen zwei Strebepfeilern des Vulkans lag und steil zum Meer abfiel. Einundzwanzig Männer, ein Junge und eine Frau, gingen mit einer Art Besessenheit an die Plünderung, eher angeführt als getrieben von Lund, der unter ihnen wie ein Herkules arbeitete.

Von Anfang an versprach die Schindelzunge eine nahezu unglaubliche Fülle. Zwischen diesen beiden Gebirgsausläufern hatte die Flut das reiche, frei abblätternde Gold einer unterseeischen Ader gewaschen und weggeschleudert und es für unvorstellbare Jahre angehäuft. Ebbe und Flut hatten es in den Kies gegraben, Überschwemmungen hatten es niedergedrückt; Je tiefer sie ins Grundgestein vordringen, desto reichhaltiger ist die Pfanne.

Der phantasievolle Schätzwert der Männer von einer Million Dollar schien mit fortschreitender Arbeit schnell gering zu sein, wobei der felsige Boden systematisch Fuß für Fuß und Kubikyard für Kubikyard von all seinen Kieselsteinen befreit, in rohen Steinen gebettet, geschwemmt und verdampft wurde Amalgam aus Gold und Quecksilber und das Hinzufügen von Pfund um Pfund reinem Gold zu den Säcken im Tresorraum des Schoners.

Sie arbeiteten zunächst in abwechselnden Schichten von vier Stunden, Tag und Nacht, unter der Sonne, dem Mond, den Sternen und dem flammenden Polarlicht. Die Kruste wurde hier und da aufgebohrt, wo sie zu Konglomerat gefroren war, und mit Dynamit explodiert, das sorgfältig platziert wurde, um die Eismassen, die über dem Schoner hingen, nicht abzulösen. Feuer zum Auftauen des Bodens waren aus reinem Brennstoffmangel nicht verfügbar; Zwischen diesen waldlosen Ufern gab es kein Treibholz. Der Brennstoff, der eingespart werden konnte, wurde für die Verwendung unter den Kesseln aufgespart, die das Eis schmolzen, um die Wiegen und Rinnen mit Wasser zu versorgen und um beim Kochen der Mahlzeiten zu helfen, die Tamada im Freien für die Arbeiter zubereitete.

Eimer voller Kaffee, Eintöpfe und dicke Suppen aus Erbsen und Linsen, massenhaft Bohnen mit reichlich fettem Schweinefleisch, das war es, wonach sie sich nach stundenlanger enormer Anstrengung sehnten. Trotz der Kälte schwitzten sie bei ihrer Arbeit stark und zogen ihre Überkleidung aus, während sie den reichen Kies aufpickten, schaufelten oder mit der Brechstange herausarbeiteten.

Peggy Simms arbeitete mit den anderen zusammen, assistierte Tamada und half Sandy beim Aufschlag. Deming und Beale, der Mann mit den beschädigten Rippen, bekamen Gelegenheitsjobs, die sie bewältigen konnten: Feuer schüren, Abwaschen oder in der kleinen Schmiede helfen, wo die Bohrer geschärft wurden.

Während all dieser Zeit war Lund der amtierende Superintendent. Es gab keinen Auftrag, den er nicht besser bewältigen konnte oder erledigte als jeder andere von ihnen, und obwohl Rainey feststellen konnte, dass seine Masse schrumpfte oder sich zusammenzog, während er sie Tag für Tag zu heldenhaften Diensten in Anspruch nahm, tat er es nie schien müde zu werden.

„Muss sie dranbleiben", sagte er immer in der Kabine. „Keine Zeit zu verlieren, und die Chancen stehen in gewisser Weise gegen uns. Abgesehen vom Glück. Darauf können wir uns verlassen, aber wir wollen nicht, dass sie das denken . Wenn das Wetter nicht umschlägt – und" Brechen Sie den Scherz, richtig – sobald wir aufgeräumt haben, sind wir gestochen. Obwohl ich im schlimmsten Fall einen Weg aus diesem Küsteneis sprengen werde. Ich habe absichtlich etwas Dynamit gespart."

„Wir hätten eine Dampfschaufel mitbringen sollen", sagte Rainey. Er war hart wie Eisen, aber er hatte eine harte Arbeitslehre hinter sich, und seine Hände und Nägel, so glaubte er, würden nie wieder in Form kommen.

„Jetzt reden Sie " , stimmte Lund zu. „Wir hätten es gut gemeistert und die Maschine als Schrott oder als Souvenir für unsere japanischen Freunde zurückgelassen. Wir müssen diese Vier-Stunden-Schicht streichen. Zu viel Zeit mit dem Wechseln verschwendet . Zu viele Mahlzeiten." . Solange wir dem standhalten können, werden wir es in einer langen, gleichmäßigen Schicht schaffen, und wir werden ganz normal schlafen . Ich brauche selbst etwas."

Rainey wusste, dass weder er noch Hansen zwei Drittel so viel aus ihrer Schicht herausholten wie zu der Zeit, als Lund das Kommando hatte, obwohl er ihnen die Wahl der Männer überlassen hatte. Es war nicht so, dass die Männer etwas vortäuschten, sie hatten einfach nicht das Talent, die Arbeit mit Höchstgeschwindigkeit und höchster Effektivität am Laufen zu halten.

Aber da Lund sie alle als Einheit bewältigte, dauerte es nicht lange, bis die Schaufeln anfingen, über den kahlen Fels zu kratzen, der unter dem Kies an der Gezeitenkante lag, und sich zügig ans Ende des U zu arbeiten. Die Außenküche war gewesen Auf dem Vorgebirge zwischen dem Schoner und dem Strand wurde eine primitive Anordnung großer Töpfe errichtet, die von Stativen über Feuern geschleudert wurden, die auf einer flachen Fläche entzündet wurden, die teilweise durch Aufschlüsse verwitterter Lava vor dem Meer und den vorherrschenden Winden geschützt war.

Im Morgengrauen verließen die Männer den Schoner, um sich zu ernähren und zu wärmen, und dann machten sie sich an die Arbeit. Je mehr sie herauskamen, desto mehr war für sie drin. Aber Lund war ihr Oberherr, ihr Vorgesetzter, und das wussten sie. Nur Deming bediente mit einer Hand den Griff des Schmiedebalgs oder schürte die Feuer und spottete.

Lund überragte den Größten von ihnen, nämlich Rainey, um einen ganzen Kopf, und er war immer mitten im Geschehen, gab Anweisungen, forderte das Äußerste und gab dem Unterkommando ein Beispiel. Seine Augen hatten ihn gestört, und er hatte eine arktische Schneebrille angefertigt, bloße Holzkreise mit Schlitzen darin. Aber darunter sammelte sich der Schweiß, und er warf sie ab und griff auf die primitive Technik zurück, seine Augen mit Ruß zu verschmieren. Dies, sagte er, verschaffte ihm Erleichterung, machte ihn aber in seiner Arbeit zu einer seltsamen Art von Caliban.

Am fünfzehnten Tag, nachdem die Arbeit mehr als zur Hälfte erledigt war und mehr als eine Tonne echtes Gold in Farben, die von Mehlstaub bis zu Nuggets reichten, im Tresorraum vorlag, begann sich das Wetter zu ändern. Es war ständig neblig, und Lund prophezeite jubelnd, dass der Kälteeinbruch nachlassen würde.

Am achtzehnten Tag wehte ein normaler Chinook, der die schärferen Umrisse der eisigen Felsen und Zinnen zum Schmelzen brachte und Feuchtigkeitsströme erzeugte, die in den nun allmählich länger werdenden Nächten jeden Meter Fels mit Gefahr glasierten.

Die Männer arbeiteten im Schlamm, ihre Gummistiefel waren durch ständiges Scheuern abgenutzt, ihre Pullover waren zerrissen, die Klingen ihrer Schaufeln waren durch die Arbeit, die ihnen abverlangt wurde, geschrumpft, und die Bohrer, die durch ständiges Schärfen verkürzt worden waren, waren verschwunden wie das dürre Fleisch der Arbeiter , der schließlich Anzeichen einer immer schnelleren Erschöpfung zeigte und gelegentlich unzufriedenes Murmeln auslöste, während Lund, der nur darauf bedacht war, den Stein wegzuputzen, wie ein Zahnarzt einen bröckelnden Zahn reinigt, überredete und fluchte, beschuldigte und lobte und schikanierte, und hat die eigentliche Arbeit von drei von ihnen erledigt.

Tot vor Müdigkeit, satt am Essen, schläfrig von der großzügigen Grog-Zulage am Ende des Tages, schliefen die Männer jede Nacht in Erstarrung und zeigten immer weniger Bereitschaft zu reagieren, obwohl das Ende ihrer Arbeit fast in Sicht war.

„Was nützt es, wir haben genug", war der Kommentar, der immer häufiger zu hören war. „Lund, er hat mehr, als er in seinem Leben ausgeben kann!"

Rainey konnte dieses Gemurmel nicht auf Demings Anstiftung zurückführen, aber er vermutete den Jäger. Es gab kein Poker; Alle Hände waren zu müde zum Spielen.

Das Eis, in das der Schoner gepackt war, zeigte Anzeichen von Zerfall. Tagsüber verrottete die Oberfläche, nachts gefror sie wieder und zerstörte dadurch ihre Kompaktheit. Wenn der Bogen der Sonne über dem Horizont länger gewesen wäre und ihre Strahlen senkrechter gewesen wären, müsste das Eis unfehlbar geschmolzen und den *Karluk befreit haben*, denn es handelte sich um Salzwassereis, und es gab Zeiten, in denen das Thermometer zwei oder drei Monate lang über seinem Gefrierpunkt blieb drei Stunden gegen Mittag.

Lund schenkte der Eisscholle kaum Aufmerksamkeit. Solange das Wetter anhielt, erklärte er, dass er sich innerhalb von vier Stunden den Weg nach draußen bahnen könne.

Die Wirkung all dessen auf Rainey war etwas verwirrend. Er beurteilte das Leben nach neuen Maßstäben, die weit von seinen eigenen Maßstäben entfernt waren, und obwohl auch er mit Willen arbeitete und sich über die freiere Anstrengung seiner Muskeln freute, schnitt das Ergebnis im Vergleich zu den Besten der anderen – außer Lund – positiv ab konnte sich die allgemeinen Bedingungen nicht aneignen.

Sie waren zu rein körperlich, sagte er sich; Er vermisste seine alten Gewohnheiten, das Lesen und Besprechen neuer und alter Bücher, die guten Restaurants in San Francisco und die geselligen, witzigen Gespräche, die er an ihren Tischen geführt hatte, den Austausch und die Anregung von Ideen.

Er vermisste die Theater, die Konzerte, die vorbeiziehenden Auftritte gut gekleideter Frauen, ein Sammelsurium von Fleischtöpfen und die geistige Aufmunterung. Er begann nachts von diesen Dingen zu träumen.

Tagsüber sah er deutlich, dass Lund zumindest in dieser Umgebung groß war und der Rest vergleichsweise klein. Er glaubte, dass Lund, wie er es vorgeschlagen hatte, tatsächlich ein eigenes kleines Königreich gründen und daraus einen Erfolg machen könnte. Aber es wäre kein Königreich, das die Künste förderte. Es würde die Wissenschaften fördern oder sie zumindest fördern und Ergebnisse übernehmen, die auf die Landentwicklung und, wenn nötig, die Verteidigung des Königreichs angewendet werden könnten.

Lund würde eine Figur in Krieg und Frieden sein, Frieden der praktischen Art, die Art von Frieden, die mit Überfluss einhergeht. Er war kein Träumer, sondern ein Utilitarist. Vielleicht brauchte die Welt gerade jetzt solche Männer am meisten.

Was Peggy Simms betrifft, so hat sie den Glanz ihrer Kultur nicht verloren, sie war immer weiblich, manchmal sogar zierlich, trotz ihrer Arbeit, die nicht anders konnte, als bis zu einem gewissen Grad grob zu sein. Sie war voller Elan, sie zeigte unerwartete Stärke, sie war eine Quelle der Ermutigung für die Männer, während sie auf sie wartete. Und auch eine Quelle unverhohlener Bewunderung, die sie vergoss, wie eine Ente Wasser vergießt. Sie war erfüllt von voller Gesundheit, sie bewegte sich mit einer freien Anmut, die das Auge fesselte und im Geist verweilte. Sie war durch und durch eine Frau, und außerdem war sie groß.

Rainey erlangte zunehmenden Respekt für ihr Können und bekehrte sich schnell zur Gleichstellung der Geschlechter. Es gab Zeiten, in denen er an seiner eigenen Gleichberechtigung zweifelte. Wäre sie ihm auf seinem eigenen Boden begegnet, in seinem eigenen Bereich dessen, was er vage als Kultur betrachtete, hätte er eine Meisterschaft gekannt, die ihm jetzt fehlte. So wie es war, war ihr Durchschnitt höher und sie hatte eine unwiderstehliche Anziehungskraft auf Sex.

Hier war ein Mädchen, das bestimmte Maßstäbe an den Mann stellen würde, mit dem sie sich paaren würde, und nicht nur, dass sie ihn durchs Leben begleitet. Es gab Zeiten, in denen Rainey den Charme von ihr als Frau unwiderstehlich spürte und sich in den starken sexuellen Reaktionen, die unweigerlich auf harte Arbeit folgen, nach ihr sehnte. Es gab Zeiten, in denen er das Gefühl hatte, dass sie nicht der Meinung war, dass er ihren Maßstäben gewachsen war, und er würde versuchen, die Atmosphäre zu ändern und die Situation zu dominieren, in der Lund die größere Figur der beiden Männer war.

Die Rivalität, die Lund zwischen ihnen in Bezug auf das Mädchen angedeutet hatte, spürte Rainey fast überwältigt. Es gab Stimmungen, die Peggy Simms an ihn wandte, um sie mitzuteilen, aber in den wachen Stunden blieb kaum Zeit für Liebesspiele oder auch nur für Überlegungen dazu.

Lund konzentrierte sich auf eine Errungenschaft: die Goldernte. Er bestellte das Mädchen zum Rest; Es gab sogar Zeiten, in denen er sie zurechtwies, während Rainey vor Groll brannte, den sie offenbar nicht teilte.

Kurz vor Sonnenaufgang am achtzehnten Tag der Arbeiten am Strand war Lund auf der Eisscholle und untersuchte den Zustand des Eises. Er hatte erklärt, dass zwei weitere Tage harter Anstrengung ihre Arbeit beenden würden. Was am Ende dieser Zeit noch übrig war, wurde umgeladen. Rainey hatte sich dem Mädchen und Tamada an den Kochfeuern angeschlossen.

Der Himmel war hell mit der Aurora Borealis, die vor der Sonne verblassen würde. Die Männer waren noch nicht aus ihren Kojen. Sie waren knochen- und muskelmüde, und Rainey bezweifelte, dass Lund, der selbst hager und hager war, zwei Tage lang Höchstleistungen erbringen konnte. In der Nähe der Feuer zum Kochen, zum Schmelzen von Wasser und in der Schmiede, die die ganze Nacht über glühten, wurden die Werkzeuge gestapelt, um ihre Beherrschung zu bewahren.

Das Polarlicht zitterte in wechselndem Glühen, während Rainey zusah, wie Lund mit einer Stahlstange auf die Eisscholle einschlug. Das Mädchen war mit dem Kaffee beschäftigt, und Tamada bereitete zwei Töpfe Eintopf und sprudelnden Erbsenpudding für das Frühstück zu, Nahrung zum Aufwärmen und zum Muskelaufbau.

Sandy erschien an Deck und kam schnell über die Bordwand und den ausgetretenen Pfad hinauf zu den Feuern. Er zeigte Aufregung, dachte Rainey, dessen war er sich sicher, als der Junge in Sprechweite kam.

„Wo ist Herr Lund?" er keuchte.

spätere Fluchtlinie für die *Karluk* . Die Männer begannen sich auf dem Schoner zu zeigen. Auch sie, bemerkte er etwas beiläufig, hätten sich heute Morgen anders verhalten. Normalerweise waren sie träge, bis sie gegessen hatten, schläfrig und gleichgültig, bis der Kaffee sie anregte, und Lund nahm diesen Reiz auf und entfachte ihn zu einer Flamme der Arbeit. Heute Morgen gingen sie anders, ungewöhnlich aktiv.

betrunken und streiken", sagte Sandy. „Kennen Sie die große Korbflasche im Lazaretto?"

Rainey nickte. Es handelte sich um ein Gerät mit zwei Henkeln, das fünf Gallonen enthielt, einen Reservevorrat starken Rums, aus dem Lund die Grog-Zulagen und Anreize für zusätzliche Arbeit gegen Ende der Schicht, die Nachtkapseln und gelegentliche Belohnungen verteilte.

„Sie haben es geklaut", sagte er. „Legen Sie ein leeres aus dem Laderaum an seinen Platz. Wir bekamen genug, ohne das eine Zeit lang zu benutzen , und ich habe es heute Morgen nur zufällig bemerkt. Sie haben die ganze Nacht getrunken , schätze ich. Sie Sie sind hässlich, Mr. Rainey. Diesmal liegt es an der Crew. Sie haben den Alkohol bekommen. Die Jäger sind nüchtern. Deming ist nicht daran beteiligt. Sie haben es alleine gemacht. Ich weiß nicht, wie sie daran gekommen sind. Ich Ich habe es ihnen nicht erwischt , Sir. Sie müssen sich durch den Laderaum hindurchgearbeitet haben und sind auf diese Weise dorthin gelangt.

„In Ordnung, Sandy. Danke. Mr. Lund kann damit klarkommen, schätze ich. Er kommt jetzt."

auf der gegenüberliegenden Seite des Schiffes zur *Karluk* ging . Die Seeleute gestikulierten frei; Der Klang ihrer Stimmen drang zu ihm, wo er stand, mit einer neuen Redefreiheit, rau, selbstbewusst, bedrohlich. Als sie den Pfad hinaufstiegen, verrieten ihre Beine sie und bestätigten die Geschichte des Jungen. Hinter ihnen kamen die vier Jäger, und Hansen ging im Abstand voneinander und beobachtete die Matrosen mit einer gewissen Ernsthaftigkeit, die sich trotz der Entfernung verriet.

Lund zeigte mit seiner Bar an der gegenüberliegenden Reling des Schoners. Er warf einen Blick auf die Männer, die zur Arbeit gingen, ging nach unten und holte einen Pullover hervor. Er hatte die Stange in der Hütte zurückgelassen, wo sie als Herdschürhaken diente.

Die Männer gingen hinter Rainey, ihre Gesichter waren gerötet und ihre Augen ungewöhnlich strahlend. Sie schienen einen erstklassigen Witz zu teilen, der immer weiter sprudeln wollte, doch sie hielten sich selbst unter Kontrolle, was durch gegenseitige Rippenstöße und Lachen, wenn einer stolperte oder einen Schluckauf hatte, gemildert wurde.

Aber Hansen war stur wie immer, und die Jäger hatten den gestohlenen Schnaps offensichtlich nicht geteilt. Nur Demings Blick wanderte über die Männergruppe, die sich versammelten, um ihre Tassen und Behälter mit Essen zu holen. Er schien zu überlegen, welchen Vorteil er aus diesem unerwarteten Ereignis ziehen könnte.

Peggy Simms fand unter dem Deckmantel, den mit Kondensmilch stark gesüßten Kaffee einzuschenken, Zeit, mit Rainey zu sprechen.

„Sie sind alle betrunken", sagte sie.

„Nicht alle. Hier kommt Lund. Er wird sich darum kümmern."

Lund schien immer noch über das Problem mit der Eisscholle nachzudenken. Der Zustand der Matrosen fiel ihm zunächst nicht auf. Dann hat er es offenbar ignoriert. Aber nachdem sie gegessen hatten, redete er mit allen Männern.

„Noch zwei Tage, Jungs, und wir sind durch. Der Strand ist fast geräumt. Wir können leicht aus der Eisscholle ins blaue Wasser gelangen und haben einen guten Start auf dem Patrouillenschiff. Wir Ich werde mit vollen und schweren Taschen zurückkehren . Die Aktien werden wieder halb so groß sein, wie wir angenommen haben . Ich würde mich nicht wundern, wenn sie durchschnittlich sechzehntausend oder siebzehntausend Dollar pro Stück kosteten.

Rainey hatte einen schwarzbärtigen Finnen als Anführer der Matrosen bei ihrer Ausschweifung ausgewählt. Der Alkohol schien in ihm einen Geist der Revolte entfesselt zu haben, der an Unverschämtheit grenzte. Er stand da, die gebeugten Beine gespreizt, die behandschuhten Hände auf den Hüften, und starrte Lund mit einem verdeckten Grinsen an.

Neben Lund war er der größte Mann an Bord. Da der Rum seinem normalerweise trägen Nervensystem eine ungewöhnliche Koordination verlieh, versprach er, eine Quelle von Ärger zu sein.

Rainey war überrascht, als er mit den Schultern zuckte und zum Strand ging. Vielleicht hatte das Frühstück sie ernüchtert, auch wenn der Alkoholdunst immer noch trübe in der Luft hing.

Lund ging mit Rainey an seiner Seite hinunter und meldete Sandy.

„Ich werde es aus ihnen herausholen ", sagte Lund. „Dieser Alkohol wird für sie ein teurer Luxus sein , der mit harter Arbeit bezahlt wird."

Sie stellten fest, dass die Männer in drei Gruppen aufgeteilt waren. Deming und Beale waren entgegen der Sitte zum Strand gegangen. Sie sollten dabei helfen, die Essbestecke zu säubern, Tamada nach dem Essen zu helfen und die Feuer wieder aufzufüllen.

Sie standen etwas abseits von den Jägern, Hansen und den Matrosen. Der Finne, der mit leisem Knurren mit seinen Kameraden sprach, befand sich in einer separaten Gruppe.

In dem winzigen Tal, hinter dem sich der Stirnrunzeln-Kegel befand und von den beiden eisigen Vorgebirgen gerippt war, herrschte eine Atmosphäre des Trotzes, ein Gefühl der Spannung. Lund musterte sie aufmerksam.

„Was zum Teufel ist los mit dir?" er bellte. „Hansen, schicken Sie einen Mann herauf, um die Bohrer und Schaufeln zu holen. Die frühere Arbeit ist geplant; machen Sie sich an die Arbeit!"

„ Das sind wir nicht „Geh nicht mehr arbeiten", sagte der Finne aggressiv. „Nicht für einen solchen Lohn, wie du ihn gibst."

„Oh, das bist du nicht , nicht wahr ?" spottete Lund. Er stand mit Rainey in der Mitte des Platzes, den sie vom Kies befreit hatten, die Seeleute weiter unten am Strand, näher am Meer, ihre Reihen waren dichter. „Warum, du betrunkener, mieser Kerl, was zum Teufel willst du? Du hast noch nie zwanzig Dollar in einem Klumpen gesehen, den du früher für mehr als zehn Minnits dein Eigen nennen konntest . Der Rest von euch, Abschaum von den sieben Weltmeeren, Idiot von euren Schaufeln und Idiot zum Graben , oder ich bringe euch pleite in San Francisco an Land und bin noch dazu froh, das Schiff zu verlassen. *Springt!* "

Der Finne knurrte und der Rest blieb standhaft. Keiner von ihnen kannte den wahren Wert seines versprochenen Anteils. Geld stellte nur Schalter dar, die gegen Unterkunft, Essen und Trinken eingetauscht wurden, genug, um sie durchnässt zu machen, bevor sie auch nur ihren üblichen Lohn ausgegeben hatten. Dann wachten sie auf und stellten fest, dass der Rest verschwunden war, und stürzten sich auf die selbstsüchtige Gabe eines Pensionsverwalters.

Aber sie hatten das Gold gesehen, sie hatten damit hantiert, und sie waren von dem Gefühl entflammt, was es für sie tun sollte. Vielleicht konnte die Hälfte von ihnen keine einfache Summe addieren, höchstens Zahlen über tausend erfassen. Und der Anblick von so viel Gold hatte es in gewisser Weise billig gemacht. Es war da, ein Haufen davon, und sie wollten mehr von diesem leuchtenden Haufen, als ihnen versprochen worden war.

„Du redest groß", sagte der Finne. „Schau dir meine Hände an." Er zeigte schwielige, gespaltene Handflächen, geschwollene, erfrorene Fleischklumpen, die abgenutzt und steif waren. „Ich bin Seemann, kein verdammter Seemann ."

Lund wandte sich an die Jäger.

„Sind Sie daran beteiligt?" er hat gefragt. Deming und Beale gingen weg. Zwei der anderen schlossen sich ihnen an. "Neutral?" höhnte Lund. "Ich werde mich daran erinnern." Hansen und die beiden übrigen traten neben Lund und Rainey.

„Wir sind zu fünft", sagte Lund. „Fünf Männer gegen zwölf Vorschiffsratten. Ich gebe Ihnen zwei Minnits , um mit der Arbeit zu beginnen."

„Mit der Waffe in der Tasche redest du groß", sagte der Finne. „Ich bin ein guter Mann, wie du es liebst ."

Lunds Gesicht verfinsterte sich vor Wut, die in Stimme und Tat explodierte.

„Du denkst, ich brauche meine Waffe, oder, du Rattenmeute? Dann probiere sie mal ohne aus."

Seine Hand glitt zu seinem Holster in seinem dicken Mantel. Sein Arm schwang, in den aufsteigenden Sonnenstrahlen war ein Streifen glänzenden Metalls zu sehen, der über die Köpfe der Seeleute flog. Es stürzte ins freie Wasser hinter dem Eis.

„Komm schon", brüllte Lund, „oder ich bringe dich schnell zum ersten Bad, das du seit fünf Jahren genommen hast." Der Finne senkte den Kopf und griff an; der Rest folgte ihrem Anführer. Das warme Essen hatte ihre Beherrschung einigermaßen gefestigt, sie waren fester auf den Beinen, ihre Augen waren weniger verschwommen, aber der grobe Alkohol rauchte immer noch in ihren Gehirnen. Ohne sie hätten sie dem Aufruf der Finnen zur Rebellion nie Folge geleistet.

Er hatte versprochen, und ihre betrunkenen Köpfe glaubten, dass die Massenverweigerung der Arbeit die Dinge automatisch stoppen würde, bis sie ihre „Rechte" bekamen. Mit einem offenen Kampf hatten sie nicht gerechnet. Der Ansporn des Alkohols hatte sie über den Rand getrieben und ihnen einen schnelleren Fluss ihres verarmten Blutes, ein vorübergehendes Vertrauen in ihre eigenen Fähigkeiten und eine gespielte Tapferkeit beschert, die Lunds verächtliche Herausforderung beantwortete.

Lund, dachte Rainey, hatte eine tollkühne Tat begangen, als er seine Waffe wegwarf. Es war großartig, aber es war kein Krieg. Pure Tapferkeit! Aber er hatte kaum Zeit zum Nachdenken. Lund gab ihm einen Ratschlag. „Bleib in Bewegung ! Lass dich nicht von ihnen bedrängen!" Dann wurde der Kampf aufgenommen.

Das Mädchen beugte sich von der Landzunge hinaus, um sich das Turnier anzusehen. Tamada hütete, teilnahmslos wie immer, sein Feuer. Sandy kroch zum Strand hinunter, trotz seines Willens angezogen, und schlurfte ein und aus, unentschlossen, zu schwach, um zu versuchen, sich einzumischen, aber aufgeregt und hilfsbereit. Deming, Beale und die beiden neutralen Jäger standen abseits und warteten vielleicht, um zu sehen, in welche Richtung der Kampf ging, Reserven für den scheinbaren Sieger.

Der Finne, der beste und größte Seemann, stürmte nach Lund, seine kleinen Augen rot vor Wut, verrückt vor dem Wunsch, seine Prahlerei, er sei so gut wie Lund, wahr zu machen. Auf seine barbarische Art war er so etwas wie ein Tänzer, und seine Beine waren ebenso geschmeidig wie seine Arme. Er sprang und schlug mit Fäusten und Füßen zu.

Lund traf ihn mit einem heftigen Aufwärtshieb mit kurzer Reichweite aus der Hüfte. Seine riesige Hand, zu einem knöcheligen Steinklumpen zusammengeballt, warf den Finnen um und hob ihn hoch, bevor er mit eingeschlagener Nase, gebrochenem Knochen, gebrochenen Lippen wie überreife Früchte und ausgeschlagenen verfärbten Zähnen zu Boden fiel.

Er landete auf dem Rücken, rollte sich hin und her und blieb halb benommen liegen, während zwei weitere auf Lund zusprangen.

Lund brüllte vor Überraschung und Schmerz, als einer seinen roten Bart packte und zu ihm schwang, schlagend und tretend. Er schlang seinen linken Arm um den Mann und drückte ihn dicht an sich heran, und als der andere tief herabstürzte und gegen seinen Solarplexus stieß, packte ihn der Riese mit eigener Kraft am Kragen und holte die beiden Schädel herbei zusammen mit einem dumpfen Schlag, der sie fassungslos machte.

Die beiden fielen wie Säcke von Lunds entspannten Armen, und er stieg wachsam, auf den Fußballen balancierend, über sie hinweg und stieß einen Triumphschrei aus, während er sich nach seinem nächsten Gegner umsah.

Der Grundgestein, auf dem sie kämpften, war rutschig, da sich in den Spalten Eis gebildet hatte. Zwei Seeleute griffen Hansen an. Er stoppte die Flüche eines von ihnen mit einem Schlag auf den Mund, aber der Mann klammerte sich an seinen Arm und drückte ihn nach unten. Hansen schlug nach dem anderen, und der Schlag ging über die Schulter, als er ausweichen konnte, aber Hansen brachte ihn in die Flucht, und die drei, taumelnd, fluchend, rutschend, gingen schließlich gemeinsam zu Boden, mit Hansen darunter, der einem den Hals verdrehte, um ihn abzuschotten seinen Wind, während er die wilden Schläge des zweiten abwehrte. Mit einem wilden Stoß kletterte er auf alle Viere, und dann riss Lund, der wie ein Stier brüllte, einen Seemann los und schleuderte ihn kopfüber.

„Schlag ihn, Hansen!" „, schrie er, seine Augen waren zielstrebig hart und glänzten wie Eis, das die Sonne reflektierte, seine Nasenflügel waren weit aufgerissen und er freute sich über den Kampf.

Der Finne hatte sich ein wenig zusammengerissen, wischte sich die Blutspritzer aus dem Gesicht und spuckte die Reste seiner abgebrochenen Zähne aus. Er zog ein Messer aus der Innenseite seines Hemdes, eine lange, geschwungene Klinge, und schlich wie eine Krabbe auf Lund zu, den Mord in seinen blutunterlaufenen Schweineaugen, während er auf die Gelegenheit wartete, sich hineinzuschleichen und Lund in den Rücken zu stechen, und rief „A Kamerad, der ihm hilft.

„Komm schon", rief er, „Olsen, mit deinem alten Messer. Nimm das Schwein aus!"

Eine weitere Klinge schoß hervor, und das Paar rückte geduckt mit gebeugten Knien und gebeugten Körpern vor. Lund ging vorsichtig zur gegenüberliegenden Klippe zurück und suchte nach einem losen Felsfragment. Er hatte den Matrosen seit der Meuterei Messer verboten und eine Lieferung erzwungen, aber diese beiden waren versteckt worden. Für den Finnen war ein Messer ein selbstverständliches Accessoire. Nur seine betrunkene Raserei hatte ihn dazu gebracht, Lund mit seinen eigenen Waffen zu schlagen.

Einer der beiden Jäger, der durch einen Tritt gegen das Knie gelähmt war und vor Schmerzen heulte, klammerte sich brutal fest und warf den Seemann zu Boden, wobei er seinen Kopf gegen einen Felsvorsprung schlug. Der andere freundliche Jäger hatte seinen Gegner mit Schlägen und Schlägen zur Unterwerfung gebracht. Aber Rainey befand sich in einer schwierigen Lage.

Ein Seemann, halb Mexikaner, flog wie eine Wildkatze auf ihn zu. Rainey schlug zu, und seine Fäuste trafen den Kopf der Rasse, ohne ihn aufzuhalten. Dann hat er gewonnen.

Der Mexikaner war glitschig wie ein Aal. Er hatte seine Arme frei, seine Hände schnellten nach oben und seine Daumen suchten nach den inneren Augenwinkeln von Rainey. Der plötzliche, brennende Schmerz machte ihn wahnsinnig und er trieb seine geballten Fäuste nach oben und drückte die bohrenden Finger weg.

Zwei Hände krallten sich von hinten nach seinen Schultern. Jemand sprang ihm ziemlich auf den Rücken. Ein Kniestoß gegen seine Wirbelsäule.

Der Schmerz machte ihn hilflos, die Wirbel schienen kurz davor zu brechen. Kraft und Wille wurden ausgeschaltet und die Welt wurde schwarz. Und dann katapultierte sich einer der Jäger in den Kampf, und die vier gingen in einem wahnsinnigen Rausch aus Schlägen und unterdrückten Schreien zu Boden.

Die Seeleute kämpften wie wilde Tiere und strebten nach Schlägen, die allen Anstands- und Fairplay-Kodizes entzogen waren, mit der Absicht, zu verstümmeln. Lund hatte seine Schultern an die Felsen gelehnt und stand mit offenen Händen da und beobachtete die beiden mit ihren Messern, die sich Schritt für Schritt näherten, um den Rest zu erledigen.

Peggy Simms hatte eine Strähne ihres blassgelben Haares ausgerissen und warf sie ihr aus den Augen, während sie mit geöffneten Lippen am Rand der Klippe stand und ihre Brüste stürmisch hob und zusah; Ihre Gesichtszüge veränderten sich mit der Flut der Schlacht, die unter ihr tobte, unterbrochen von gedämpften Rufen und windgepeitschten Flüchen. Sie sah Lund in der Ferne und schnappte sich ihre Pistole. Aber der Abstand war zu groß. Sie wagte es nicht, ihrem Ziel zu trauen.

Sandy, die hin und her tanzte, willig, aber hilflos, gefesselt von Angst und Muskellosigkeit, sah, wie Deming, gefolgt von Beale, den Pfad hinaufschlich, unbemerkt von dem Mädchen, das sich weit nach vorne beugte und den Kampf beobachtete, ihre Augen auf Lund gerichtet Die beiden schleichen sich mit ihren Messern näher, vorsichtig, aber entschlossen. Tamada stand weiter hinten und konnte sie nicht sehen.

Der durch seine Erfahrung auf dem Vorschiff geschärfte Verstand des Jungen ahnte, was Deming und Beale vorhatten, als sie die flache Landzunge erreichten und auf die Feuer zuliefen.

"Hey!" er schrie. „Vorsicht, sie sind hinter den Werkzeugen her!“

Demings Hand war nach einer Schaufel ausgestreckt, deren abgenutzte Stahlschaufel scharf wie ein Meißel war. Beale war ein paar Meter hinter ihm. Sie wollten die Schaufeln und Bohrer den Seeleuten zuwerfen.

Tamada drehte sich um. Sein Gesicht veränderte sich nicht, aber seine Augen leuchteten, als er einen Schöpflöffel in die dampfenden Reste der Erbsensuppe tauchte und die dicke, blasenbildende Masse Deming ins Gesicht schleuderte. Im selben Moment knallte die Pistole des Mädchens mit einem Stich roter Flammen. Beale stürzte mit einem Schuss in den Hals dicht am Schlüsselbein zu Boden, drehte sich wie eine erschlagene Schlange und rollte wieder den Weg zum Strand hinunter.

Deming heulte wie ein verbrannter Teufel und zerkratzte mit einer Hand die klebrige Masse, die ihn verhüllte, während er blind und wild vor Schmerz rannte. Er stolperte, klammerte sich fest und verlor den Halt, rutschte auf einer Ebene aus eisiger Lava, glatt wie Glas, prallte gegen einen Pfeiler, der ihn tangential die Klippenwand hinunterschleuderte und beim Aufprall mit einem vorgeschobenen Ellbogen des Felsens abprallte. wirbelt in den Weltraum, in den eisigen Aufruhr der Wellen, strömt in die Bucht.

Peggy Simms flüchtete mit einer Stahlbohrmaschine in beiden Händen den Pfad entlang direkt über den Strand nach Lund. Der Finne drehte sich mit einem Knurren und einem seitlichen Hieb seines Messers zu ihr um, aber sie sprang zur Seite, wich dem anderen langsamen Fuß aus und warf Lund einen Bohrer zu, der ihn mit einem Freudenschrei ergriff und über seinem Kopf schwang als wäre es ein Bambus gewesen. Hansen hatte seine Männer abgeschüttelt und kam zur zweiten Übung angesprungen.

Das Messer fiel klirrend auf den gefrorenen Felsen, als Lund das Handgelenk des Finnen zerschmetterte. Die Waffe des Mädchens veranlasste den zweiten potenziellen Messerstecher dazu, die Hände hochzuwerfen, während Hansen seine Waffe schnappte, sie über die gegenüberliegende Klippe schleuderte und den Seemann zu Boden warf, bevor er sich Lund anschloss und den Rest angriff, der vor ihrem Anblick floh und die Bedrohung durch die Stahlstangen.

Lund lachte laut und hörte auf zu schlagen, wobei er die Bohrmaschine als Ansporn benutzte, und trieb sie zu einer zusammengedrängten Horde, wie führerlose Schafe, knietief, oberschenkeltief, ins Wasser, wo sie stehen blieben und um Gnade bettelten, während Hansen sich umdrehte, um zu setzen ein Ende der einzelnen Kämpfe.

Es endete so schnell, wie es begonnen hatte. Ein Jäger konnte wegen seines getretenen Knies kaum stehen, Raineys Rücken war angespannt und steif, Lund hatte eine Handvoll seines Bartes verloren und Hansens Wange war offen.

Auf der anderen Seite waren die Verluste schwerwiegender. Deming ertrank, sein Körper wurde von der Flut hochgeschleudert und rollte im Taumel. Beale hustete Blut, obwohl er nicht gefährlich verletzt war. Der Finne weinte über sein gebrochenes Handgelenk und konnte sich kaum wehren. Die Rippen waren wund, wo sie nicht von den Bohrern abgesplittert waren, und die beiden, die von Lund angestoßen wurden, setzten sich mit schmerzenden Köpfen auf. Der Mut, den der Alkohol hervorrief, war völlig verschwunden; sickerte, aus ihnen herausgeschlagen. Sie wurden eingeschüchtert, demoralisiert und ausgepeitscht.

Lund machte schnell eine Bestandsaufnahme und stellte sie auf, während sie auf seinen Befehl hin schüchtern aus dem Wasser kamen oder gegen die Klippe stolperten. Tamada war von den Feuern heruntergekommen. Peggy hatte von seinem Anteil und Sandys rechtzeitigem Ruf erzählt. Lund nickte ihm freundlich zu.

„Du bist ein weißer Mann, Tamada ", sagte er. „Du auch, Sandy. Ich werde es nicht vergessen. Rainey, sammel diese Wracks zusammen und hilf Tamada , sie in Ordnung zu bringen . Ich werde mich später mit ihnen abfinden . Hansen, lass den Rest arbeiten , und „Halten Sie sie dran! Hören Sie? Sie müssen die Arbeit der ganzen Truppe erledigen."

Sie gingen bereitwillig hin, hinkten und pflegten ihre blauen Flecken, während Hansen, dessen Gleichgültigkeit in der Hektik des Kampfes für einen Moment verschwand und noch nicht wiedererlangt wurde, einen ungewöhnlichen Wortschatz an den Tag legte, als er sie anführte. Lund wandte sich an die beiden Jäger, die abseits gestanden hatten.

„Wal, ihr gelbbäuchigen Neutralen", sagte er mit kalter Stimme und harten Augen. „Ich dachte, ich könnte verlieren, und hast es auch gehofft, nicht wahr? Schnapp dir diesen Stinktier Beale und schlepp ihn an Bord. Dann komm zurück und geh an die Arbeit. Du wirst deine Anteile kriegen, aber du wirst nicht kriegen, was kommt. " ' zu denen, die daneben standen. Jetzt geh mir aus den Augen. Du kannst das begraben, wenn du zurückkommst. Er nickte in Richtung der durchnässten Leiche Demings, die auf dem Sand lag. „Du kannst deinen Lohn als Totengräber von dem abziehen, was du ihm beim Pokern schuldest. Das ist er nicht. " Ich werde diese Reise abholen.

Rainey, lahm und wund, half Tamada , die Verwundeten zu versorgen, indem er das Jägerquartier in eine Krankenstation verwandelte und den Tisch für Operationen nutzte. Beale ging es am schlechtesten, aber Tamada erklärte, er sei nicht lebensgefährlich geschädigt. Nachdem er damit fertig war, bestand er darauf, dass Rainey mit dem Gesicht nach unten auf dem Tisch lag und bis zur Taille entkleidet war, während er ihn mit Öl einrieb und dann knetete. Einmal machte er einen plötzlichen, drehenden

Schraubenschlüssel, und Rainey sah ein verschwimmendes Sternenbild, als etwas mit einem Klicken einrastete.

„Ich denke, dir geht es jetzt bald gut", sagte Tamada .

„Sie und Miss Simms haben das Blatt gewendet", sagte Rainey. „Wenn sie diese Werkzeuge zuerst gehabt hätten, hätten sie uns in kurzer Zeit erledigt."

„Narren!" sagte Tamada . „Angenommen, sie töten Lund, wie kommen sie dann davon? Niemand, der sie steuert. Das Kanonenboot würde sie sofort finden. Ich denke, Mr. Lund wird mir jetzt vielleicht vertrauen", sagte er leise.

"Wie meinst du das?"

„Mr. Lund denkt im Hinterkopf, dass ich dafür sorge, dass das Kanonenboot kommt. Er kann nicht verstehen, woher sie den Schoner auf der Insel kennen .

„Es war ein bisschen ein Zufall."

Tamada zuckte leicht mit den Schultern.

„Ich denke, die japanische Regierung weiß alles, was in der Nordpolarregion vor sich geht", sagte er. „Auf Wrangell Island gibt es eine Funkstation. Wir kommen ziemlich nah daran vorbei."

Rainey kaute diese Information, während er sich anzog, und fragte sich, ob sie das letzte Stück des Kanonenboots gesehen hatten. Sie müssten durch die Beringstraße nach Süden fahren. Es wäre ein Leichtes, sie zu überholen, anzuhalten, den Schoner zu durchsuchen und das Gold zu beschlagnahmen. Sie waren noch nicht aus der Klemme.

Als er in die Kabine ging, um seinen zerrissenen Mantel auszutauschen — über der Taille war von der Jacke bis zum Unterhemd kaum ein Knopf intakt —, fand er das Mädchen dort bei Lund. Anscheinend waren sie gerade erst hereingekommen. Peggy Simms hielt Lund mit strahlendem Gesicht vor Aufregung, die nicht nachgelassen hatte, ihre Pistole hin.

„Behalten Sie es", sagte er. „Vielleicht brauchen Sie es. Ich habe meins."

„Aber du hast es ins Wasser geworfen. Ich habe dich gesehen."

„Nein", lachte er. „Das war nicht meine Waffe. Sie dachten es. Ich wollte die Sache in den Griff bekommen. Aber ich war nicht dumm genug, meine Waffe wegzuwerfen. Das war ein Schraubenschlüssel, den ich heute Morgen benutzte, um die Hütte zu reparieren." Herd – sieht scherzhaft aus wie ein Ottermatiker . Ich habe ihn in meine Innentasche gesteckt. Ich wollte gerade schießen, als sie ihre Messer zeigten, aber ich wollte meine Waffe nicht auf dieses Haschisch-Durcheinander richten."

Er stand groß und breit über ihr und blickte auf das Gesicht herab, das ihm zugewandt war. Rainey, noch unbemerkt, sah, wie ihre Augen vor Bewunderung leuchteten.

„Du bist eine wunderbare Kämpferin", sagte sie leise.

„Wunderbar? Was ist mit dir? Eine Männerfrau! Du hast den Tag gerettet. Kommst zu mir mit den Übungen. Und wir haben sie geleckt . Wir. Gott!"

Er hob sie in seine Arme, hob sie mit seinen großen Händen hoch, machte nicht mehr aus ihr, als wäre sie ein Federkissen, bis ihr Gesicht auf gleicher Höhe mit seinem war, und drückte sie in schneller, empörter Wut an sich Sie wehrte sich gegen ihn und schlug vergeblich zu, während er sie festhielt, küsste und absetzte, während Rainey nach vorne sprang.

Lund schien sich der Abscheu des Mädchens überhaupt nicht bewusst zu sein.

„Kommt mit den Übungen zu mir!" er sagte. „Wir haben sie geleckt . Du und ich zusammen. Meine Frau!"

Peggy Simms war mit leuchtenden Augen zurückgesprungen. Lund kam zu ihr, sein Gesicht leuchtete vor Verlangen nach ihr, die Arme ausgebreitet, die Hände geöffnet. Bevor Rainey sich zwischen sie werfen konnte, hatte das Mädchen die kleine Pistole geschnappt, die Lund auf den Tisch gelegt hatte, und aus nächster Nähe abgefeuert. Sie schien ihr Ziel verfehlt zu haben, obwohl Lund erstaunt und mit offenem Mund stehen blieb.

„ Du großer Tyrann!" sagte Rainey. Jetzt, da die Zeit gekommen war , stellte er fest, dass er keine Angst vor Lund, vor seiner Waffe, vor seiner Stärke hatte. „Spiel fair, oder? Dann zeig es! Du hast mich einmal gefragt, warum ich nicht mit ihr geschlafen habe es will.

„Peggy. Willst du mich heiraten? Ich kann dich vor diesem gewaltigen Unmenschen beschützen. Wenn es zwischen dir und mir zum Showdown kommen soll", blickte er Lund an, immer noch starrend wie verblüfft, „dann lass es jetzt kommen. Peggy? "

Das Mädchen, Tränen auf den Wangen, die aus dem Schluchzen der Wut entstanden waren, die sie erschüttert hatte, warf sich auf ihn.

"Du?" sagte sie und Rainey verkümmerte unter der Verachtung in ihrer Stimme. "Dich heiraten?" Sie begann hysterisch zu lachen und versuchte, sich zu beruhigen.

„Ich wollte dir nichts Böses antun", sagte Lund langsam und wandte sich an Peggy. „Warum, ich würde dir nichts tun, Mädel. Du bist meine Frau. Du kommst zu mir. Ich war ein Scherz-Spaß-Sortierer, der mir die Fassung raubte. Na ja", wandte er sich an Rainey, seine Stimme wurde zu einem

Knurren voller wütender Verachtung: „Du Penner, ich könnte dich mit einer Hand in Stücke brechen . Du bist nicht ihr Typ. Aber" – seine Stimme veränderte sich erneut – „wenn es ein Showdown ist, dann alles." Rechts.

„Wenn ich wegen ihr gegen dich kämpfen würde, würde ich dich töten. Glaubst du , ich respektiere ein gutes Mädchen nicht? Glaubst du , ich weiß nicht, wie man ein Mädchen liebt, oder? Sie ist es *mein* Kumpel. Nicht deins. Aber es liegt an dir, Peggy Simms. Ich wollte dich nicht beleidigen. Und wenn du ihn willst – nun, dann liegt es an dir, zwischen uns beiden zu wählen."

Sie ging an Rainey vorbei, als hätte er nicht existiert, direkt in Lunds Arme, ihr Gesicht strahlend, nach oben gerichtet.

„Ich liebe dich, Jim Lund", sagte sie. „Ein Mann. *Mein* Mann."

Hals legte, stieß sie einen leisen Schrei aus.

„Ich habe dich verwundet", sagte sie und ihre zärtliche Besorgnis traf Rainey bis ins Mark. „Schnell, lass mich sehen."

„Verwundet, verdammt!" lachte Lund. „ Glaubst du , die Popgun von einst? Könntest du mich aufhalten? Die Kugel ist irgendwo in meiner Schulter. Lass es abwarten . Bei Gott, du bist schließlich meine Frau. Lunds Glück!"

Mit diesem Klingeln in den Ohren ging Rainey an Deck. Seine Demütigung ließ schnell nach, als er zurück zum Strand ging. Als er die Landzunge überquerte, fühlte er sich sogar erleichtert über das Ergebnis. Er war nicht in sie verliebt. Das hatte er gewusst, als er intervenierte. Er hatte es ihr noch nicht einmal gesagt. Seine Ritterlichkeit hatte gesprochen – nicht sein Herz. Und seine Gedanken wanderten zurück nach Kalifornien. Das andere Mädchen, obwohl sie Diana war, hätte niemals in einem Atemzug den Mann, den sie liebte, erschossen und geküsst. Eine bleibende Vision von Peggy Simms' Schönheit, als sie nach Lund gegangen war, blieb und verblasste.

„Lund hat recht", sagte er sich. „Sie ist nicht von meiner Sorte."

Kapitel XVIII

LUNDS GLÜCK

Lund warf einen Blick auf den Gischtgeysir, an dem die Granate des verfolgenden Kanonenbootes nicht getroffen hatte, und dann auf die Nebelbank vor ihm. Sie befanden sich in der Enge der Beringstraße, zwischen dem Kap von Charles und Prince Edward's Point, das Gold an Bord, voller Wind in ihren Segeln, und machten elf Knoten gegenüber fünfzehn Knoten auf dem Kanonenboot.

Es war Nachmittag, drei Stunden, seit sie nördlich und achtern von sich Rauch gesehen hatten. Entweder hatte die Patrouille festgestellt, dass sie die Insel verlassen hatten, sie wurden durch Sprengungen von der Eisscholle befreit und folgte der Spur mit voller Geschwindigkeit, oder der Funk einer japanischen Station an der Tchukchis- Küste hatte von ihrem Heimflug berichtet.

Der große Nebelvorhang war eine Meile vor uns. Die letzte Granate war zweihundert Meter zu kurz gekommen. Fünf Minuten mehr würden die Sache klären. Hansen hatte das Steuer. Lund stand an der Heckreling und hatte den Arm um Peggy Simms gelegt. Er schüttelte die Faust gegen das Kanonenboot und spuckte schwarzen Rauch aus dem Schornstein und Schaum um den Bug.

sie noch besiegen ", rief er.

Die nächste Granate, mit größerer Höhe, heulte parallel zu ihnen, raste voraus und schlug in die Wellen ein.

„Halten Sie Ihren Kurs, Hansen! Keine Zeit zum Zickzack. Ich muss es wagen. Verdammt, sie wissen, wie man schießt!"

Eine Rakete war durch Groß- und Focksegel geflogen und hatte runde Löcher hinterlassen, die den Punktestand markierten. Ein anderer traf den Hauptmast, und einige Splitter fielen rasselnd herab, während die Reste des Topsegels zwischen den sich windenden Enden von Fall und Schot flatterten.

Sie drangen in den Anfang des Nebels ein, dessen sich kräuselnde Streifen streckten sich aus, schlängelten sich über Bugsporn und Vorsegel, hüllten den Fockmast ein und verschluckten den Schoner, als eine rasende Granate ins Heck einschlug. Im nächsten Augenblick hatte der Nebel sie geschützt. Lund ließ das Mädchen los und sprang ans Steuer.

„Na dann", schrie er, „wir werden sie zum Narren halten !" Er packte die Speichen, und die Männer rannten auf Befehl zu den Planen, während die *Karluk* im rechten Winkel zu ihrem vorherigen Kurs davonschoss, dem Nebel ausweichend, der den Wind bedeckte, aber dennoch genügend Brise durchlassen ließ, um ihnen Vorwärtskommen zu ermöglichen, und wie ein Gleiter gleitete Geist auf dem neuen Weg nach Osten.

Rainey, angespannt von der Explosion der Granate, sprang schließlich nach unten und kam jubelnd zurück.

„Es war ein Idiot, Lund!" er schrie. „Oder sie wollten uns wegen des Goldes nicht in die Luft jagen. Aber sie haben die Hütte zerstört. Der Nebel dringt durch das Loch ein, das sie gemacht haben. Tamadas Die Kombüse ist weg. Es hat den Schoner geharkt!"

„ Solange es über der Wasserlinie ist, zum Teufel damit! Wir werden es ausmachen. Hören Sie auf die Idioten. Sie sind direkt hinter uns her."

Hinter ihnen ertönte das Dröhnen der vorderen Batterie des Kanonenboots, das vom Nebel gedämpft und immer schwächer wurde.

„Lunds Glück! Wir sind ihnen ausgewichen !"

„Sie werden an den Pässen auf uns warten", sagte Rainey. „Sie haben die Geschwindigkeit vor uns."

„Lasst sie warten. Um mit den Aleuten zu kämpfen! Dort wieder bereit für eine Wende! Jetzt südöstlich. Wir werden das durcharbeiten, bis wir wieder zum Wind kommen . Bis zur Seward-Halbinsel ist alles blaues Wasser. Wir sind auf dem Weg nach Nome.

„Für Nome?" fragte Peggy Simms.

„Nome, Peggy! Ein amerikanischer Hafen. Der nächste Hafen. Und der nächste Prediger!"

DAS ENDE

www.ingramcontent.com/pod-product-compliance
Lightning Source LLC
Chambersburg PA
CBHW051442130726
47987CB00005B/2159